东京梦华录

（下册）

（宋）孟元老 著

马漠临 译注

巴蜀书社

东京梦华录

风物志

卷伍

南乡子·寒玉细凝肤

苏轼

寒玉细凝肤。清歌一曲倒金壶。冶叶倡条遍相识，净如。豆蔻花梢二月初。

年少即须臾。芳时偷得醉工夫。罗帐细垂银烛背，欢娱。豁得平生俊气无。

茶
糕茶
餅果

花
囍

民俗

京城中各处游街串巷售卖饮食的人，都备有鲜亮干净的盘盒器皿以盛装食物。装运食物的货车、担上的各种饮食所用器具，都新奇精巧，十分令人喜爱。卖家对食物滋味和羹汤的调和，更是不敢草率疏漏。

那些卖药卖卦之人，也都戴帽束带，衣冠齐整。甚至于那些沿街行乞的乞丐，也有他们自己的行业规矩，稍有懈怠之状，言行逾矩，即为众人所不容。而士人、农民、工匠、商贾，及各行各业、各类店家，所着衣装都有各自行业的特点，不敢越出本分之外。例如香铺中裹香的人，就戴圆顶帽、围披背；当铺中管事的伙计，则身穿黑色短

提瓶人

袖单衣，腰间佩戴着以角为装饰的腰带，而不戴顶帽，如此等等。街市上的行人，一看他们的装扮便能区分出对方是什么行业身份。

此外，当时京师的人以道义为重，颇有古人之风，如见外乡之人被京城中人欺侮凌辱，众人必定会挺身救护，帮助这些外乡人。有的人遇见军巡铺拘捕争吵斗殴影响治安的民众，也会挺身劝阻救助。有的人甚至要赔上酒食，请官府当值人员出面去解决此事。如有人刚从外地新来京师，四邻会纷纷借给他们各种日用器具，并送去茶水，指点买卖东西的处所，如此等等。还有那些“提茶瓶”的人，每日在邻里间四处走动，请邻里喝茶，饮茶时询问近况，借闲谈之机探听各类传闻，坊间的各种轶事就此传播开去，堪称“包打听”。大抵遇到各种吉、凶之事的人家，都会来客盈门，帮忙操办或恭贺、慰问。

包打听

那些自己酿酒的大酒店（正店），常会遇到前来批发酒水而后零售的小店的店员，当小店店员前来自家打过三两次的酒之后，就会很放心地用价值三五百两的银制盛酒器皿装酒交给他们带回去，待日后再返还器皿。甚至那些贫困的人家，到店里呼唤往家中送酒肉，店家也用银器餐具送去。遇到顾客家通宵饮酒的，则到第二天才去将银器取回。各家妓馆到酒店呼唤送酒，也用银器装盛酒水送去，与对待其他顾客无异。京城的大酒店用银器装盛酒水送到客户住处，毫不疑心客户私吞，营商气度之大，普天之下绝无仅有。

京城人口繁盛，处处熙熙攘攘，即便增加十余万之众，也不会显得涌入了多少人；减少十余万人，也不会显得人丁稀少。京城物阜民丰，正是所谓的鲜花成阵，美酒为池，香料如山，药物似海。然而京城中也别有僻静的里坊、窄小的街巷，在这些地方满是别致的宴饮酒馆、歌舞楼台，此类地方都数以万计，我不打算在此繁杂琐碎地一一遍记了。

佚名　田垄牧牛图

京瓦伎艺

宋徽宗崇宁、大观年间以来，在京城瓦肆中表演的著名艺人首推张廷叟讲《孟子书》。在此手持拍板演唱词曲的艺人李师师、徐婆惜、封宜奴、孙三四等人，堪称小唱艺人中的名角。在此表演的嘌唱伶人以张七七、王京奴、左小四、安娘、毛团等最为著名。曾为宫廷教坊成员，暂时离职歇业，在瓦肆演出等待再被招用的艺人有张翠盖、张成及其弟子薛子大、薛子小、俏枝儿、杨总惜、周寿奴、称心等。

戏剧

李师师小像

李师师，汴京名妓，与宋徽宗及众多文人学士交好。

小唱，一种由管乐伴奏的乐曲技艺，后成为民间的艺曲。

嘌唱，宋时民间一种音调曲折柔曼的唱法。亦指以此唱法演唱的时调、小曲。

在瓦肆中表演的人各有专擅。杂剧表演以杖头傀儡任小三最为著名，每日五更时即上演头回小杂剧（正剧开场前的热场小戏），观者人山人海，稍稍晚去便看不上了。此外还有擅长表演悬丝傀儡的张金线，李外宁则以药发傀儡而闻名。张臻妙、温奴哥、真个强、没勃脐、小掉刀等艺人擅长表演柔术、悬空走绳索。浑身眼、李宗正、张哥，擅长表演耍弄球杖和踢弄等节目。

傀儡

傀儡戏即木偶戏，根据表演方式，傀儡戏还可以分为多种类型。水傀儡，水中表演的傀儡戏；肉傀儡，小孩扮演的戏剧；杖头傀儡，人在舞台后用手操纵舞台上用支杆支撑起来的木偶人进行表演的木偶戏；悬丝傀儡，艺人以线牵引进行表演的小型木偶戏；药发傀儡，以火药作为动力源使木偶做出飞翔的动作，并伴随光电效果。

孙宽、孙十五、曾无党、高恕、李孝详，擅长讲史。李慥、杨中立、张十一、徐明、赵世亨、贾九，擅长讲小说。王颜喜、盖中宝、刘名广，善于表演散乐。张真奴的舞旋最佳。杨望京擅长表演小儿相扑、杂剧，在表演时会拿着棹刀和蛮牌（盾牌）对打。董十五、赵七、曹保义、朱婆儿、没困驼、风僧哥、俎六姐，专演皮影戏、纸影戏。丁仪、瘦吉等专门表演风格滑稽的影戏。刘百禽擅长表演训练虫蚁等小动物。

讲史，宋元时的一种说唱艺术项目。主要讲述历代兴亡史事，以浅显文言，并予以戏剧化之润饰而成，后发展为演义小说。如《三国志平话》《五代史平话》等。

讲小说，宋代说话家术之一。南宋耐得翁《都城纪胜》："说话有四家：一者小说，谓之银字儿，如烟粉、灵怪、传奇。说公案，皆是搏刀、赶棒，及发迹变泰之事。说铁骑儿，谓士马金鼓之事。说经，谓演说佛书。说参请，谓宾主参禅悟道等事。讲史书，讲说前代书史文传，与兴废争战之事。最畏小说人，盖小说者能以一朝一代故事，顷刻间提破。"

舞旋，一种身体回旋的舞蹈。

杂技

棹刀，宋代兵器。为长柄刀，两面有刃，刃首上阔下窄，木杆，末端安铁鐏。

蛮牌，古代作战时用以遮挡敌方兵刃矢石等的护身武器。圆形，中心突向外，内有上下两藤环，可容手臂挽入，并有横木，便于执持。这里的棹刀、蛮牌指使用刀盾对打。

影戏，以纸张或皮革制成人物的剪影，借灯光投影在布幕上来表演故事的戏剧。

弄虫蚁，调教小动物表演节目，不仅仅是调教昆虫。元人陶宗仪《南村辍耕录》卷二二《禽戏》：“余在杭州日，尝见一弄百禽者，蓄龟七枚，大小凡七等。置龟几上，击鼓以使之。则第一等大者先至几心伏定，第二等者从而登其背，直至第七等小者，登第六等之背，乃竖身直伸其尾向上，宛如小塔状，谓之乌龟迭塔。又见蓄虾蟆九枚，先置一小墩于席中，其最大者乃踞坐之，余八小者左右对列。大者作一声，众亦作一声；大者作数声，众亦作数声。既而小者一一至大者前，点首作声，如作礼状而退，谓之虾蟆说法。至松江，见一全真道士，寓太古庵。一日，取二鳅鱼，一黄色，一黑色，大小相侔者，用药涂利刃，各断其腰，互换接续，首尾异色，投放水内，浮游如故。郡人卫立中以盆池养之，经半月方死。迭塔说法，固教习之功，但其质性蠢蠢，非他禽鸟可比，诚难矣哉。若夫断而复续，死而复生，药欤？法欤？是未可知也，但剧戏中似此者，果亦罕见。”

孔三传擅长表演耍秀才和诸宫调。毛详、霍伯丑在演出时会聚人斗智猜谜。吴八儿专门表演合生。张山人擅长表演说诙谐打诨的话。刘乔、河北子、帛遂、胡牛儿、达眼五、重明乔、骆驼儿、李敦等，擅长表演杂扮戏。从外地来的孙三善于讲鬼神灵异故事。霍四究擅长说唱三国故事。尹常卖则擅长说唱五代史。文八娘以擅长口技、模仿大小买卖吆喝而闻名。其余艺人，不可胜数。

诸宫调，宋、金、元流行的一种说唱文学。起源于北宋。取同一宫调的若干曲牌联成短套，首尾一韵；再用不同宫调的短套联成长篇，杂以说白，以说唱长篇故事。现存作品只有全本的金人董解元作《西厢记》和两个残本，即金无名氏作《刘知远》的残篇，元人王伯成作《天宝遗事》的残篇。

合生，宋代说书的一个流派。艺人当场指物赋诗，也称唱题目。其内容滑稽并含讽劝意味的，叫乔合生。

说书

二鬼摔跤

相扑

杂办，宋代流行的一种小戏。以剧情简单，逗人嬉笑著称。一般为杂剧之散段。

不论刮风下雨、阴晴寒暑，在看棚中聚集观看表演的观众，日日拥挤。宫廷教坊和禁军仪仗乐队钧容直的艺人，每逢赶上十天一次的旬休时就练习击鼓奏乐，官府也允许百姓前来观看。每逢皇宫内开设宴会，教坊提前一个月就召集青年男子及女艺人，练习队舞，奏乐、排练杂剧依次进行。

队舞，唐宋时期的宫廷舞，宋代有小儿队舞、女弟子队舞。

讲史

娶妇

凡是娶媳妇，男方家先要起草草帖子。等到男女两家都同意亲事之后，男方家再准备起草细帖子，上面要按次第书写曾祖、祖、父辈的名讳，以及提亲人的身份、直系亲属名籍、田产、官职之类的情况。然后，男方家派人挑着担子给女方家送去许亲酒，许亲酒的担子上要用丝绳织的络罩着酒瓶，还要装饰上八朵大花、八枚色彩鲜艳的罗绢和八枚银质的被称为“胜”的首饰。此外又用红绸缠绕在酒担上，叫作“缴担红”，最后一起送到女方家。女方家把两瓶淡水、三五条活鱼、一双筷子，全都放在男方家送来的酒瓶内作为回礼，这就叫作“回鱼箸”。

草帖子，议定结亲之后男女方家各写的一份书面契约。

在这之后，男方家或者下小定，或者下大定，或者去女方家相看媳妇，或者不去相看媳妇，都可以。如果相看媳妇，男方家中会有一位男女长辈前去女方家相亲，如果看得中意，就把钗子插在女子头饰中，这就叫作“插钗子”。如果不中意，就留下一两段绸缎给女孩压惊，那么，这桩亲事就不成了。

媒人们分为几等，上等媒人戴盖头，身穿紫色背子，专门给大小官员、皇家亲戚说合婚事；中等媒人头戴冠子，用黄色的头巾包裹头，身穿背子，也有的不穿背子而只系裙，手里拿着青色的遮阳伞。这些媒人都是两个人同行。等到下了聘礼后，即由媒人初一或十五在两家之间传话。每遇各种节日，男方家就把各色应节的物品、饰物及羊、酒之类的礼品送往女方家。礼品的丰俭，随男方家的境况而定。女方家则大多回赠女红等手工制作的物品。然后是正式下彩礼，再接着，告知女方家结婚的日子，最后是行结婚大礼。

背子，服装的一种。男女皆服，式样有异。始见于隋唐，由袖长半截、衣身较短的半臂发展而来，盛行于宋元时期，至明代发展为披风，形式变化甚多。宋代妇女从后、妃、公主到一般妇女皆穿背子，可做常服或常礼服。其基本形制为直领对襟、长袖；袖子可宽可窄；衣长可至膝上、齐膝；也有长至小腿及脚踝。

奏乐

佚名　杂剧（打花鼓）图

婚礼前一日，或婚礼当天一早，男方家要将催妆的凤冠霞帔、花粉（化妆品）送往女方家，女方家回送公服、花幞头之类的东西。婚礼前一日，女方家先来人，在男方家的新房挂上帐帏，铺设卧房，陈列嫁妆，这就叫作“铺房”。男方家要将茶酒、喜钱之类的礼品赠送给前来铺房的女方家人。

到迎娶新人之日，男方家用车子或用花装饰的肩舆去迎亲，一直引导到女方家门前。女方家款待前来迎亲的男方家的客人，并向他们赠送彩色的绸缎，然后迎亲队伍奏乐催促新娘梳妆打扮。等新娘梳妆完毕准备上车或肩舆的时候，车夫或者抬肩舆的人会起哄不肯起程，吵嚷着要喜钱，这就叫作“起檐子”。待给了喜钱之后，出嫁队伍起程。迎接新人的男方家客人先回到男方家门前，新娘轿子进门时，随行的人及男方家之人纷纷向女方家索要喜钱、礼物等，这就叫作“栏门”。新媳妇下车之时，会有风水先生手拿着装粮食的斗走过来，斗中放着谷子、大豆、铜钱、果子、草节等物，风水先生一边祷告祝愿，一边朝门口抛撒着斗中之物，小孩子们争相拾取这些东西，这就叫作“撒谷豆”。民间认为这样可以压住青羊、乌鸡、青牛等凶煞之神。

新娘下了车或肩舆，脚踏青色布条或者毡席进入男方家，不能踏在地上，前面一人捧着镜子倒着行走，引导新娘跨过地上的马鞍，再从一堆草和一杆秤上跨过。进门后，走入一个房间，房间当中悬挂帐帏，新娘坐于其中，这就叫作“坐虚帐”。也有的男方家会径直引导新娘到有床的新房中，让新娘坐在床上，这叫作“坐富贵”。那些迎送新娘的来客，急饮三盏酒而退出，这就叫作“走送”。等到所有来客入席饮酒三杯之后，新郎穿好礼服，用花胜遮蔽面部，在厅堂中央放置一张榻，上面放着椅子，而后坐在椅子上，叫作“高坐”。

新郎先请媒人前来，再请姨妈或舅妈等长辈过来，每人各斟一杯酒饮下，再请岳母过来敬上一杯，大家方才就座坐下（另一种说法是新郎高坐在椅子上，媒人先请新郎下座，新郎不动；再由姨妈、舅妈等长辈来请新郎下座，并给新郎敬酒，新郎喝了以后仍高坐其上；最后丈母娘过来请新郎下座，新郎才下来）。

男方家在婚房的门额上，将一段彩色绸缎下部撕裂为条状，横转过来挂在上面。等新郎入房后，众人便争着上前扯下一小片而去，这就叫作“利市缴门红”。新郎在床前请新娘出来，男女两方的客人各自取出彩色绸缎，绑成一个同心结，这就叫作“牵巾”。新郎将同心结的一端挂在手持的笏板上，新妇将同心结另一端搭在手上。随后新婚夫妻走出婚房，新郎在前倒退着走出房门，两人脸对着脸，一直走到家庙前参拜。礼毕后换成新妇倒着走，由人扶着进入婚房内行夫妻拜见礼。

新人各自争先对拜。对拜完毕，走到床边，女的脸向左在右边坐下，男的脸向右在左边坐下。此时有妇女将金钱、彩绸、果子等四下抛洒，这就叫作“撒帐”。随后有人从新郎脑袋的左侧，新娘脑袋的右侧，各取下少许头发，两家人随后取出成匹的绸缎、钗子、木梳、头须之类的物品，与新郎、新娘取下的头发混合在一起，这就叫作“合髻”。在此之后取来两只酒盏，用彩缎将它们连在一起，新人各请对方饮了自己手中的这杯酒，这就叫作“交杯酒”。饮完交杯酒后，人们将两只酒盏和新娘头戴的花冠子掷于床下，如果酒盏一仰一合，当时风俗就以为是大吉的征兆，众人就会前来贺喜。然后掩毕帐帏，新婚仪式就此告成。

如果新娘家是皇室亲戚，便由亲信随从将新郎抱出去参见拜谢各位亲戚长辈；如果新娘家是王公以下的各等人家，新郎即自己走出房间，前往参拜，行礼完毕，然后重新就座饮酒。

酒席散后，在第二天五更时分，新郎家拿出一张桌子，上面放上镜台、镜子，新娘在桌前朝上行跪拜之礼，这就叫作“新妇拜堂”。然后新娘再拜见尊长、亲戚，对每位亲戚，新妇都献上彩缎、巧作、鞋、枕之类的物品，这就叫作“赏贺”。尊长则另换一匹彩缎回赠新妇，这就叫作“答贺”。

新郎前去女方家参拜，叫作“拜门”。新郎家有财力能很快办妥礼品的，婚后第二天就前去女方家参拜，叫作“复面拜门”，如果第二天不去，则在婚后的第三天或第七天前去也都可以。男方家在新娘家赏贺女方亲戚的礼品，也须像女方家在男方家赏贺男方家亲戚的礼数一样。等到款待的酒席散后，女方家准备了演奏的乐队、备下了礼物送新郎回家。女子出嫁三日，女方家就会送来彩缎、油蜜蒸饼，这种饼叫作“蜜和油蒸饼”。这一天女方家有人前来探望新娘，叫作“暖女”。新婚的第七日，女方家则来接新娘回娘家，并送给新娘丰盛的彩缎及各种饰物，这就叫作 “洗头”。结婚一月之后，则举办大聚会以示庆贺，这就叫作“满月”。从这以后，两家彼此间的各种礼数就简单了。

鲁宗贵　吉祥多子图绢本

育子

凡是孕妇怀孕足月，在要分娩月的初一日，孕妇的父母家用银盆、铜盆或有装彩绘图案的盆子，盛放一束粟杆，粟杆上插着花朵，上面用精美的丝绸或色彩鲜艳的头巾盖着。此外丝巾上还装饰有通草纱罗扎成的五男二女样式的花以表示多子多福。家人还用盘、盒装着馒头，送给女儿，这就叫作“分痛”，此外还送上由面制作而成的眠羊、卧鹿等形状的模型及各种糕点，取其“眠卧”之义，此外婴儿的衣物、被褥等用品，也一起给产妇送去，这就叫作“催生”。

五男二女，传说周武王有五个儿子，两个女儿，后世用五男二女寓意子孙昌盛。

待到临盆分娩后，亲友们争相送来粟、米、炭、醋之类的物品。婴儿生后三日，脱落脐带，人们用艾草灸其囟门，以防止惊风等问题。婴儿落地后七日，叫作“一腊”。到婴儿满月，人们用色彩鲜艳的丝线在包裹婴儿的布匹上缝制绣线，而富贵人家的绣线，则用金、银、犀牛角、玉等贵重之物制作，这一天还会连同准备各色点心，大办“洗儿会”。

囟门，刚出生的婴儿额前颅骨尚未生长严密的地方。据说用艾草灸婴儿的颅骨，可以促使颅骨头缝闭合，防止惊风。

亲戚朋友聚集在一起举行“洗儿会”，他们将煎好了的香汤倒入盆中，在盆中再放入各种干果以及彩钱、葱蒜等物品，将数丈丝带绕在盆上，这就叫作“围盆”。然后用钗子搅动盆中的水，这就叫作“搅盆”。旁观者纷纷将钱撒入水中，这就叫作“添盆”。若盆中的枣子有直立的，妇女们会争相取食，因为她们认为这是生儿子的兆头。婴儿沐浴毕，剃去胎发。主人抱着婴儿向座中所有来客致谢，而后把婴儿抱入别的房中，这就叫作“移窠”。

佚名　小庭戏婴图

洗儿会，宋代民俗在婴儿出生三日和满月时，为其洗澡并宴请亲友。

彩钱、葱蒜，洗浴时放入这些东西表达对婴儿的祝愿，《爱日斋丛抄》记载："东坡又记闽人生子三朝，浴儿时，家人及宾客皆戴葱、钱，曰葱使儿聪明，钱使儿富大。"

婴儿生下百日设会，叫作"百晬"。到第二年小孩的生日，叫作"周晬"。此时人们在地上罗列盘子杯盏，里面盛放着果木、饮食、官诰、笔砚、算秤，以及书籍、针线等各类日常所用的物品，观察小孩先去取何种物品，以此作为其未来人生志趣的征兆，这就叫作"试晬"。这些都是为小孩子举行的盛大典礼。

梦华录·娶亲

电视剧《梦华录》的大结局中，三娘和宋引章陪赵盼儿状告欧阳旭，最后欧阳旭被削去官职，发往皇城司受审，天子感佩她们的友情和勇气，许诺给每人兑现一个愿望。三娘的愿望是赐她一具凤冠霞帔，最后她穿戴着凤冠霞帔与杜长风成亲，二人身披礼服，站在小舟船头，顺流而下，接受两岸人群的祝福。宋代的婚礼随着社会经济的发展而变得盛大且程序繁琐，尤其是东京作为北宋的都城，更加讲究排场，三娘如此执着于凤冠霞帔也是受此风气的影响。此外，宋代女子出嫁的嫁妆在成婚后归女方所有，嫁妆越隆重，女方也就越风光，越有地位，因此女方家对于嫁妆的准备十分用心，三娘也很看重凤冠霞帔这笔珍贵的、能给自己婚后生活带来物质基础和心理安慰的财富。凤冠霞帔是古代富家女子出嫁时的装束，以示荣耀，也指官员夫人的礼服。凤冠上饰有凤凰样珠宝，霞帔类似披肩，“中分而前两开之”，有织金云霞凤纹装饰在两边。霞帔底部有玉坠。

宋徽宗时曾颁布了《五礼新仪》，其中对婚丧嫁娶等人生大事的礼仪提出了较规范的要求，礼数详备，这给下层的普通百姓增加了很多的负担，颇为不便，后宋徽宗下诏承认“俗儒胶古，便于立文，不知达俗”，对于《五礼新仪》的条条框框百姓可以“更不施行”。宋代就出现了上层社会严格遵循古制、排场盛大的婚礼和市民阶层简化了的婚礼仪式，电视剧《梦华录》中的三娘和杜长风自由恋爱，且三娘远离家乡在东京成亲，二人应是进行的市民阶层所常用的简短的婚礼仪式。

卷陆

解语花·上元

周邦彦

风销绛蜡，露浥红莲，花市光相射。桂华流瓦，纤云散，耿耿素娥欲下。衣裳淡雅，看楚女、纤腰一把。箫鼓喧，人影参差，满路飘香麝。

因念都城放夜，望千门如昼，嬉笑游冶。钿车罗帕，相逢处，自有暗尘随马。年光是也，唯只见、旧情衰谢。清漏移，飞盖归来，从舞休歌罢。

萬
福
昇
平
喜
樂
福
酒

正月

正月初一是新年春节，开封府放开对“关扑”（一种通过赌博方式来售卖商品的活动）的禁令三天，允许在这三天内进行赌博活动。士人庶民从初一早上开始，就互相庆贺新年的到来。坊巷中摆满了摊子，上面摆放着各种食物、日用器具、干果糕点、柴草木炭之类的物品，商贩高声呼喝，招徕人们进行博戏。

在马行街、潘楼街、州东宋门外、州西梁门外的踊路上，州北的封丘门外，以及州南一带，全都结扎着彩棚，沿街彩棚里的摊铺上都铺排陈列着冠帽梳篦、珠宝翡翠、各种头饰、服装、花朵、领抹、鞋靴以及奇珍异宝，供顾客挑选，这些彩棚里面还分布有歌舞场馆，车来人往不断。傍晚时分，富贵人家的妇女也出门尽情游玩，或观赏赌博活动，或入歌舞场馆观看演出，或入街市中的店铺宴饮，这种习惯已成京城中的风俗，人们相互之间既不会嘲笑这种现象，也不会对此感到惊讶。在寒食节、冬至日的三天节假之中，也是这样的热闹自在场景。京城中百姓即使生计困顿，在节日中也都要穿戴洁净的新衣服，置酒待客，相互敬酒，以庆祝佳节。

宋代将元宵节、冬至日和寒食节作为三大节，官方规定放假七日，《东京梦华录》在此记载为三日，似有误。

元旦朝会

新年正月初一，国家行朝会大典。皇帝坐在大庆殿上，四个披着铠甲戴着头盔、体貌高大壮伟的武士分别站立在大殿的四角，他们叫作“镇殿将军”。各国使节进入大殿中朝贺，大殿的庭院里排列着皇帝的法驾仪仗。文武百官全都头戴冠冕，身穿朝服。地方各路应试举人中拔得头筹者，也身穿士人的衣服依品级站立，他们头戴着顶上有两条横脊的二梁冠，身穿镶有青边的白袍。各州驻京城的进奏官，各自捧着本地土产进献君王。

各国使臣

新科举人戴两条横脊的冠，宋代官员佩戴的礼帽称进贤冠，共有七等，等级越高冠上的横梁越多，二梁冠为最低的一等。

宋代地方路、州都在京城设有办事机构，负责人称“进奏官”，职责包括向中央呈递本地公文、将朝廷的诏令发回本地。

各国的使者服制和行礼制度各有不同：辽国大使头戴金冠，金冠的后帽檐又尖又长，就如同一张大莲叶一样，身穿紫色窄袍，腰带上以金蹀躞为饰物；辽国副使身穿紫色官服，腰间佩着金带，如同汉人服饰。辽国大使拜见天子时左足屈膝，右足下跪，以两手抱拳碰右肩为一拜；辽国副使拜见天子时所行礼节则如同汉人对皇帝的礼节一样。

蹀躞，即蹀躞带，一种功能型腰带，带有很强的收纳功能，可以悬挂水壶、钱包、扇子、香囊、刀、剑、乐器、箭袋、笔、墨等物。

西夏国的大使、副使都头戴短小样式的金冠，穿红色的窄袍，腰带饰以金蹀躞，穿着名为“吊敦”的连袜套裤，他们都背后叉手行跪拜之礼。高丽和南番交州的使节朝拜时所行礼节都与汉人的礼仪一样。回纥使者都是长胡子高鼻梁，用整匹的帛缠绕在头上，松散地披着衣服。

高丽，朝鲜半岛。

南番交州，今越南中北部和广东、广西部分区域。

回纥，西北的少数民族部落。

于阗国的使者都戴着装饰有小金花的毡笠，身穿金丝战袍，束着腰带。他们带着妻儿一起来进贡朝拜，乘坐骆驼，骆驼背上挂着毡做的兜子，脖子上系着铜铃铛，如此番样貌前来入贡。

于阗，今新疆和田一带的国家，盛产玉石。

三佛齐国的使者都长得瘦小，用布帛把头缠住，身穿红色的衣服，上都织有佛像。南蛮五姓番的使臣，都将发髻梳成锥形，戴着乌毡帽。他们朝拜皇帝所行之礼，就如僧人礼拜佛祖一样。

三佛齐，今印度尼西亚的苏门答腊岛。

南蛮五姓番，今西南地区的少数民族。

各国使臣入见天子后，天子就赏赐他们汉装、锦袄之类的衣物。此外还有真腊、大理、大食等国，有时也会派遣使臣前来朝觐进贡。

真腊，今柬埔寨。

大理，今云南境内古国。

大食，对阿拉伯的代称。

大辽国使臣被安置在都亭驿，西夏国使臣被安置在都亭西驿，高丽使臣被安置在梁门外安州巷的同文馆内，回纥、于阗使臣被安置在礼宾院，其他各蕃国使臣被安置在瞻云馆或怀远驿。皇上会特别派遣官员前往辽国、高丽使节下榻的馆驿中赏赐宴席。

宋代的对外交往管理机构有明确的分工，都亭西驿，负责管理河西走廊区域藩国进贡；同文馆，负责与高丽往来事务；礼宾院，负责回纥、于阗、西夏、吐蕃诸部等国朝贡事务；瞻云馆，负责接待外国使者；怀远驿，负责接待西蕃、大食、龟兹、南蕃交州、于阗等国的使者。

辽国使臣朝见天子结束后，第二天正月初二前往大相国寺烧香。次日正月初三，到南御苑射箭。朝廷选出善射的武臣，派遣他们陪伴辽国使臣射箭，并在南御苑赏赐下宴席，辽国使臣的随行人员也都一同前去参加射箭与宴会。在此之前，朝廷先派招箭班的十余名兵士分列在各垛子前警戒。辽国使臣大多使用弩弓射箭，使臣射箭时有一名头裹无脚小幞头子、身穿锦袄子的辽国随从站出来，他先踏开弩弓，回旋一番后搭上箭，再把弩弓递给使臣。这名随从已将弩弓瞄准，做好了射击准备，使臣只需要拨动弩弓的扳机而已。按照惯例，本朝陪伴射箭的人用弓箭射击，若射中箭靶，就赏赐被称为“闹装”的用金银珠宝装饰的腰带，或鞍辔之类的饰物，以及银鞍马、衣着、金银器物，如此等等，不一而足。

招箭班，宋代禁军中善射的兵士组建的队伍。

如果陪伴辽国使臣射箭的汉人最后取胜了，在返程途中京城市井少年会争相到队伍前献上颂诗，四周观看者几乎将道路堵塞。第二天正月初四，各国使节入朝辞行。刚退朝，皇宫前的灯山已装饰上了各种彩带，速度之快，如有神助。

立春

立春前一天，开封府进献鞭春用的土牛（春牛），以便第二天宫中鞭春之用。开封、祥符两县，也把春牛安置在府署前面。立春当天很早的时候，府署的僚属就开始鞭春，就像州郡长官鞭春所行的仪规一样。府署前面的两边，商人席地出售小春牛，他们往往给春牛画上彩色衣裳，放置在有栏杆的底座上，上面还排列有各种表演乐舞杂技的人偶像。

鞭春，府县官员为劝勉农耕，在立春前一天迎接用泥土做的春牛，放在衙门前，立春日用红绿鞭抽打，直至把泥牛打碎。

小春牛

立春当日，京城里面的人将自制的春幡、雪柳等饰物相互赠送。当日，宰相、执政、亲王及百官都会得到皇帝赏赐的金银和形似幡旗、被称为“胜”的彩色装饰品。他们到宫中庆贺立春结束后，就戴着形似幡旗的“胜”，各自回归宅邸。

春幡，迎春的旗幡，大的春幡可悬挂在树枝上，绢、纸等剪的小的春幡可用于妇女头饰。

雪柳，绢、纸制作而成的头戴花饰。

幡胜，唐宋时民众在立春日流行制作饰物或小旗子，戴在头上相互赠送，欢庆春日到来，此种物件称为幡胜。

戴花像

元宵

正月十五是元宵节。从年前的冬至日以后，开封府就开始在皇宫前面搭建名为“山棚”的庆祝节日的彩棚，为搭建“山棚”而竖立的木条正对着宣德楼。元宵节当日，游人很早就聚集到御街。御街两廊下有表演各种奇特技艺、新异本领的艺人，歌舞百戏，一个接着一个，乐声喧闹，人声鼎沸，声音在十余里外都可以听到。

商贩

正月十五在道家中属上元，夜晚有点灯的习俗，并传至民间。东汉汉明帝推崇佛法，下令在正月十五日点灯祭奉，至宋代，上元夜灯节达到鼎盛，《宋会要辑稿》记载：“三元观灯，本起于外方之说。自唐以后，常于正月望后开坊市门然灯。宋因之。上元前后各一日，城中张灯，大内正门结彩为山楼影灯，起露台，教坊百戏。天子先幸寺观行香，遂御楼，或御东华门及东西角楼，饮从臣，四夷、蕃客各依本国歌舞列于楼下。东华左右掖门、东西角楼、城门、大道、大宫观寺院悉起山棚，张乐陈灯。皇城雉堞亦设之。其夕，开旧城门达旦，纵士民观。后增至十七、十八夜。”《水浒传》中记述了清风镇准备上元夜庆典的热闹景象：“且说这清风寨镇上居民，商量放灯一事，准备庆赏元宵。科敛钱物，去土地大王庙前，扎缚起一座小鳌山，上面结采悬花，张挂五七百碗花灯。土地大王庙内，逞应诸般社火。家家门前，扎起灯棚，赛悬灯火。市镇上诸行百艺都有。虽然比不得京师，只此也是人间天上。”

绞缚山棚，捆扎搭建为了庆祝节日而做成的、如同山一样的彩棚。原料多为木料、松枝，以花朵和彩旗装饰。宋徽宗大观年间上刻“大观与民同乐万寿彩山”。

御街两廊下艺人表演的节目包括击丸、蹴鞠、走悬空绳索、爬高竿。有一个著名的艺人叫赵野，擅长向后弯腰成弓状，头顶压低到自己的裤裆部位，然后倒着上身吃下一种叫“冷淘”的凉食，这就叫作“倒吃冷淘”。还有个叫张九哥的，擅长表演口吞铁剑。李外宁则擅长表演药法傀儡。所谓“药法傀儡”，即用火药点燃花炮，花炮上折叠的纸偶会随之突然展开，再借火药之力飞腾旋转。又有叫小健儿的，擅长表演口吐五色水，旋烧泥丸子。

李迪　禽浴图绢本

击丸，或为锤丸，球类竞技游戏之一。在旷地画线为基，离基线远处掘一浅穴为窝，球置基中，以棒击之，入窝者为胜。

蹴鞠，宋代流行的一种球类运动，以脚踢球使其不落地。

冷淘，凉粉之类的食物。

旋烧泥丸子，用泥丸子表演的魔术戏法，将泥丸子塞入口中，变出水果来；也有认为是用两个碗、三个泥丸子、一根筷子表演丸子在碗中变幻的杂技。

此外有名的表演节目还有大特落的灰药戏法、榾柮儿的杂剧、温大头和小曹弹奏的嵇琴、党千吹奏的箫管、孙四的烧炼药方魔术、王十二表演的戏术、邹遇和田地广的杂扮戏、苏十和孟宣的踢球表演、尹常卖的说五代史、刘百禽的训练虫蚁等小动物、杨文秀的鼓笛演奏，等等。另外还有猴戏、鱼跳刀门、使唤蜂蝶、追呼蝼蚁、卖药、卖卦、沙地书谜，等等，各种演出皆神异巧妙，数以百计，每每令人耳目一新。

沙地书谜，艺人手握白沙向地上抛撒，变成字形，书写成字、对联或诗句，边撒边唱。

到正月初七日，各国使者入朝辞行，出了宫门，此时宫前的灯山已张灯结彩，金碧辉煌，相互照射，锦绣灿烂，交相辉映。灯山朝向北方的一面，全都以彩带结扎，重重叠叠，堆积如山，上面画着各种神仙故事，还有坊市中卖药卖卦之人的形貌绘画，排列在山棚的三道彩门之前。三道彩门中，中间的彩门叫都门道，左右两边叫左右禁卫之门，彩门上挂着一块很大的牌匾，以彩带装饰，上面用金泥书写着“宣和与民同乐”。

彩山左右，用彩带装饰出了文殊、普贤菩萨的形象。文殊、普贤菩萨分别骑着狮子、白象，各有五道水柱从文殊、普贤菩萨像的手指流出，菩萨的手随着流水不停摇动。灯山上还有辘轳把水提到灯山的最高处，贮存在最高处的木柜里，木柜定时翻转倾泻贮存的水，水流犹如瀑布之状。在左右两座彩门上，还用草把扎成正在嬉戏的龙的形状，以青色的帷幕遮笼。人们在草把上密密麻麻地放置了数万盏灯烛，远远望去，蜿蜒起伏，就像两条龙在腾飞游走一样。

辘轳，利用滑轮原理制成的井上汲水用具。古人常于井上立架置轴，贯以长木，上面嵌上曲木，缠绠其上，下悬汲水用斗，用手转之汲水。

流水大灯文殊普贤

从灯山到宣德门城楼前的横大街，约有百丈的距离。官府差人用荆棘芒刺把这块地围起来，叫作“棘盆”。在“棘盆”中设有两根长竿，高达数十丈，各用彩色绳索扎缚，又用纸糊成表演歌舞杂耍的人物，悬挂在竿上，风来随之飘舞，这些形象就宛如天上飞行的神仙。“棘盆”内设有乐棚，府衙中的乐人在此奏乐、艺人在此演出杂戏，左右军百戏也安排在此演出。

左右军百戏，左右军指街道两侧，在街道上表演的各种戏法。

大鳌山大花灯

宣德楼上都垂挂着镶黄边的帘子，楼上正中的座位是天了的御座。御座旁边用黄色丝绸搭建成一座彩棚，排列在帘外的禁军御龙直军士在彩棚中执黄盖、掌扇。宣德楼两旁的朵楼分别悬挂一个灯球，灯球的周长一丈有余，球中点燃巨大的蜡烛。宣德楼皇帝御座所在的帘内会演奏乐曲，宫嫔的嬉笑之声，随着音乐飘下城楼，在城外面都能听到。

掌扇，长宽的掌形大扇，皇家所用典仪。

朵楼，正楼两旁的楼。

宣德楼下用大木垒成一座露台，栏杆用彩带装饰。露台两边都有禁卫兵士卫戍。兵士身穿锦袍，幞头上插着天子所赐的花，手执骨朵子，面朝乐棚侍立。教坊、钧容直的人员和露台艺人弟子，不断更替上场，轮番演出杂剧。靠近彩门处也有内等子班直排列警卫。百姓都在露台下观看演出，人头攒动，台上表演的乐人不时带领百姓高呼万岁。

骨朵子，武器名。用铁或坚木做成的棍棒，一端有大首，状如蒜头。

露台弟子，露台上表演的年轻艺人。

内等子，禁军中的中下级军官。

十四日车驾幸五岳观

正月十四日，天子亲临五岳观迎祥池。这一天，有对御活动（即天子赐群臣宴饮酒），到晚上天子方才回宫。负责警卫的围子（禁卫）、亲从官，全都头戴球头大帽，上面插着花，身穿红锦团荅戏狮子衫，腰间束金镀天王腰带，拿着骨朵排成数排作为天子御驾的仪仗。天武军军士都头戴朝后双卷脚的幞头，身穿紫色上大搭天鹅结带的宽衫。殿前诸班头戴两脚屈曲向后花装幞头，身穿红、青、紫三种颜色，镶有捻金线的结带望仙花袍，身佩弓箭、刀剑，骑着统一装饰、鞍辔齐整的骏马，拿着拂尘作为前导。御龙直军士头戴一脚指天、一脚圈曲的幞头，身穿有红方胜图案的锦袄子，系着看带、束带，手执天子的随身用具，如金交椅、唾盂、水罐、果垒、掌扇、拂尘之类的物品。天子的御用椅子全由黄罗绸缎铺陈，上面密集地绣着珍珠，御座上的靠背背座则有亲从官捧着。诸班直军士全都戴幞头，穿锦袄，束腰带。

围子，负责皇帝外出时贴身侍卫的禁卫部队。

殿前班，负责皇宫内安全的值守人员。

御龙直，负责安排皇室仪仗队伍的军士。

方胜，本为一种首饰，形状是由两个斜方形一部分重叠相连而成，后也泛指这种形状。

果垒，把果子堆叠在盘中作为观赏之用。

平时天子车驾出行，会有侍从提着红纱帖金灯笼二百对簇拥环绕，元宵节时出行则会增设琉璃玉柱掌扇灯。快行家手执缀有珍珠的红纱灯笼在前导引。

车驾快到彩山的时候，天子御驾除有数重侍卫禁卫军团团包围以外，另有一人手捧月亮状的小板凳坐在马背上，大声喝叫“看驾头”在御驾前引导，他捧着的小板凳上面用锦缎覆盖着，此称为“驾头”。

随行的人员重重叠叠。天武军官员十余人簇拥扶持着皇帝，在前面开路，清退闲杂人等。接着有吏部小使臣百余人，都身穿公服，手中拿着缀有珍珠的球杖，乘在马上，听候使唤。近侍和其余官员皆穿紫、红、绿公服，三衙太尉、知閤门事、御带排列成行，作为前导。这些官员的身后和两边全是皇宫的禁卫内等子，禁卫都是从诸军中挑选出来孔武有力的人，穿着锦袄、戴帽子，握着拳四下看望，发现有高声喧哗的，就对这些人拳打脚踏，直至头破血流。

小使臣，为从九品的承节郎和从九品的承信郎。

御带，武艺高强的侍卫被封为御带。

教坊、钧容直的乐队为车驾前导，天子车驾后的诸班直乐队也奏乐，车驾后面除侍卫围子外，左面是宰执、侍从，右面是亲王、宗室、南班官。车驾快到彩山的时候，近身侍卫组成的仪仗队在天子车驾外排成数道人墙，十余人击鞭壮威。车驾后有曲柄的小红绣伞，也由殿侍手持，骑马紧随。车驾到达灯山后，御辇院人员在辇前呼喝“随竿媚来”，并引导着御驾队伍围绕灯山转一圈，随后又引导御驾队伍倒行着观看灯山，这叫作“鹑鸽旋”，又叫作“踏五花儿”，完成绕灯山的巡礼后，辇官此时就会呼喝着皇帝所给的赏赐，带领手下人等叩谢天恩。随后天子登上宣德楼，游人簇拥着奔赴宣德门外露台之下观看演出。

大灯山

南班官，没有实职，享受尊崇虚衔的皇室成员。

殿侍，没有官职品级，在皇宫任职的武官。

随竿媚来，随竿意为随着指挥棒，媚来意思为把动作做出来。皇帝在御辇上观赏灯山时，御辇院官长呼呵“随竿媚来”，意为侍奉御辇人员跟随他的信号掌握皇帝车驾的行进状况。

空地表演

十五日驾诣上清宫

正月十五日，天子车驾前往上清宫。天子在此摆下宴席，和群臣一同饮宴。到了晚上，天子返回宫中。

佚名　桐荫玩月图

十六日

正月十六日，天子不出宫。用早膳完毕后，登上宣德楼城楼。等到音乐声奏起时，内侍卷起垂挂的帘子，天子登上御座，亲自在门楼栏杆边宣谕百姓，与民同乐。先赶到城楼下的百姓，还能有幸瞻仰天子的仪容。当日天子头戴小帽，身穿红袍，御座前单独设立一张几案，两旁有近侍拱立，帘外是撑盖伞、持掌扇及供役使的人。皇帝谕示完百姓，片刻之后，御座前的帘子就放下了，乐声大作，随后百姓便在宣德楼下纵情游览观赏。

仕女像

宣德楼前有两座朵楼遥遥相对：左边的朵楼正对着郓王彩棚所在的方向，郓王所属彩棚以下依次排列着诸王的彩棚、帐幕。右边的朵楼正对着太师蔡京的彩棚，蔡京的彩棚以下依次排列执政大臣、外戚的彩棚、帐幕。不时有“金凤”从宣德楼城楼上面飞下来，落在各个帐幕上。这些金凤不停地带来天子的赏赐，落在哪个帐幕上，该帐幕所属的官员就能领赏。各帐幕中的歌舞女伎竞相演奏新制的乐曲，与山棚、露台的喧嚷声上下应和，乐声鼎沸。

郓王，赵楷，宋徽宗第三子，在琴棋书画上很有成就，自小聪明伶俐，深得徽宗宠爱。

金凤，用金属锡箔做成的飞鸟物件。

在西朵楼下面，开封府尹派军士在此驻防，楼下帐幕前排列着等候发落的罪犯，站得满满的，审判官当场不时地给出判决结果，以警示百姓。城楼上不时传下天子的口谕，特令赦免某些犯人的罪责并释放他们，以此显示皇恩之浩荡，盛世之和煦。

此时，华美的灯笼、巨大的蜡烛，以及月色、花光，在飘拂的轻雾中洋溢着和乐的气氛，晃动的烛光远近相连融合在一起。到三更时分，宣德楼上的侍从将小红纱灯球绑在绳索上悬挂在半空，京城中人看到半空中的灯笼，就知道天子已经回宫了。片刻之后，只听到城楼外击鞭的声音，于是山棚、城楼上下的数十万盏灯烛，一时全都熄灭。此时，聚集在宣德楼周围的富贵人家的车马，在皇宫前如同鱼鳞一样相连而出，全都朝南去游览相国寺。

相国寺大殿前在元宵夜也设有乐棚，禁军的诸军乐队在此奏乐。

大殿两廊上有许多刻着诗的诗牌灯，上面写有“天碧银河欲下来，月华如水照楼台”“火树银花合，星桥铁锁开”等诗句。诗牌由木牌制成，上面镂空雕刻着文字，人们用纱绢遮覆在木牌外面，如同灯笼的形状，又在其中点上很多支灯烛，并按次序排列诗牌，这种灯烛辉煌的景象也颇值得赏玩。大相国寺资圣阁前面，供奉安顿着佛牙，在元宵节时又特别安放了水灯。

资圣阁，据传供奉有宋真宗从颍川请来的五百尊铜罗汉塑像。

佛牙，释迦牟尼死后，传说留下四颗牙齿，成为佛教至珍之物。

水灯，漂浮在水面上的灯笼。

许多宰相、执政大臣、外戚、近侍在大相国寺参加法会和游观活动，他们占据了寺院中观景最好的位置并安放好了座位。寺中最热闹的地方是九子母殿、东西塔院、惠林禅院、智海禅院、宝梵律院等院。这些地方竞相陈列各种灯烛，光彩夺目，争奇斗艳，一直燃烧到天明才熄灭。

其余的宫观寺院，元宵节当天夜晚都向百姓开放，人们竞相入内彻夜烧香。开宝寺、景德寺、大佛寺等处，也都设有乐棚，通宵奏乐点灯。唯独皇家的宫观寺院在元宵节不设灯点烛。大相国寺以外，元宵节最热闹的寺院是葆真宫，葆真宫在当天夜晚的景致包括玉柱、玉帘、窗隔灯等，名动京师。

城中各坊巷和马行街上的各家香药店铺、茶坊、酒肆都点上了烛火，店家们的灯烛样式新奇，争奇斗艳。其中莲华王家香铺的灯火最为出众，王家香铺当晚还会请和尚道士来做道场，和尚道士们在此打

宋神宗后坐像

花钹、弄椎鼓，经过的游人无不驻足观看。

京城各城门处都有官府搭建的乐棚，城中街巷也搭建起了乐棚，到处都很繁华热闹。若某一个坊巷口无法搭建乐棚，则大多会在此搭建起小影戏棚子，里面有人表演皮影戏，以防备本街坊游人的小孩走失后找不到家长。这些皮影戏可以吸引走失的小孩子们前来聚集观看，以方便其家人前来寻找，和他们团聚。

殿前诸班直驻扎在宫内右掖门里，正对右掖门处设一乐棚，安排本班驻守诸班直的家人登上皇城观看夜景。宫中禁军及其家属也会在当夜得到天子赏赐的茶钱、酒钱、妆粉钱之类的东西。各营、班、院的军人，按法律规定不得在夜间外出游玩。他们就各在驻地用竹竿挂出灯笼，悬挂在半空，自娱自乐。这些灯笼远近高低错落有致地分布着，随风摇曳，犹如天上划过的流星一样。

京城内外的道路纵横交错，节日期间人们可以自由出入不被禁止。在城内僻远的深坊小巷，人们也会在门上挂着绣额珠帘，这些东西都制作精巧，妆点新奇，各家各户竞相攀比，夸耀华丽。大家春情

易元吉（传）猿鹭图

荡漾，酒兴融怡，风雅的聚会，欢乐的幽会，每一刻时光都分外令人珍惜。景色诱人，热闹繁华，游人不知不觉就已经度过了一夜。

名贵的宝马疾速奔驰，华贵的香车车轮飞转，富家子弟充斥着街道，边走边唱，千家万户，丝竹音乐之声整夜不绝。商人们在此夜出售玉梅、夜蛾、蜂儿、雪柳等饰物，以及菩提叶花灯、科头圆子花灯等各色彩灯，和拍头焦䭔（类似于蒸饼或烧饼）等食品。焦䭔用竹架子装盛着放置于青伞之上，架子上装缀着梅红色的装饰着金丝的小灯笼，架子前后，也设有灯笼，售卖的人敲着鼓，再用手拨动架子，拍头焦䭔会应着节拍在架子上团团旋转，这就叫作“打旋罗”。这种景象在街巷中处处可见。从元宵夜至十九日收灯，连续五天夜间的城门都不禁止行人出入。且曾有过天子下达圣旨，令延长灯节举办期限的情况。

玉梅，人工制作的白绢梅花。

徽宗宣和年间，从十二月起在酸枣门（又叫景龙门）上仿效宣德门元宵节夜晚点灯照明的景致，也装饰上灯火，并在门下设置露台。从酸枣门往南一直到宝箓宫，两边都是各类关扑、买卖。晨晖门外设有一座御座看台，看台前荆棘围绕，粈盆周围一周约有五七十步。京城中卖鹌鹑、骨饳儿、圆子、䭔、拍、白肠、水晶鲙、科头细粉、旋炒栗子、银杏、盐豉汤、鸡段、金橘、橄榄、龙眼、荔枝等各种食物的摊铺，围绕着粈盆成团紧密地摆放，随时准备响应宫中的呼唤索要。

科头圆子，纸、丝织品等做成的无盖的圆形花灯。

科头细粉，科头即蝌蚪，淀粉做成的如蝌蚪状的面食。

粆盆，金属盆子，可将麻粆置于盆内焚烧照明。

当天子驾临御座看台时，内东门司、御药院、知内省等部门的人员和太尉等人，全在看台帘外站立，由三五个教坊弟子小心伺候。看台前的粆盆中火光闪耀，夜晚有如白天一样明亮。官宦人家的女子前来观看时，天子身边的显贵宦官就邀请她们在此歇息，劝她们饮一杯金杯盛装的美酒，然后才命她们退下。这样的热闹场景一直延续到元宵节，叫作“预赏”。这里特别要提周待诏瓠羹店的瓠羹，送入宫中上贡皇室剩下来的部分，民间要一百二十文才能买到一份，精细程度果然有别于在集市店铺中十文一碗的普通瓠羹。

门司，维持上朝时礼仪的工作人员。知省，皇帝的亲近侍从。

收灯都人出城探春

正月十九收灯后，城中的灯会结束。京城中人纷纷争先出城探春踏青。出州城南面有玉津园，还有学方池、亭榭、玉仙观等景观。由转龙弯向西去，有一丈佛园子、王太尉园，奉圣寺前有孟景初园，四里桥处有望牛冈、剑客庙。从转龙弯向东去，到陈州门外，有很多的园林楼馆。

佚名　荷亭消夏图

出州城东面，宋门外有快活林、勃脐陂、独乐冈、砚台、蜘蛛楼、麦家园，虹桥一带有王家园，在曹门和宋门之间有东御苑，还有尼姑寺院乾明寺、景夏寺。州城北面有李驸马园。州城以西沿着新郑门的大路，一直走到金明池西，会到达道者院，院前全是妓院。

道者院再向西是宴宾楼，此处有亭台楼榭、曲折的池塘、秋千、画舫，酒客可租赁小舟、帐具，准备好膳食在金明池上游玩观赏。和宴宾楼相对的是祥祺观，向前一直走就到了板桥，两边会看到集贤楼、莲花楼，这里是京官奉命到河东、陕西五路任职地方官员的客馆，这些官员饯别送行都在这两座酒楼设宴。

驿站

过了板桥，往前走依次会经过松园、王太宰园、杏花冈，从金明池角上向南去是水虎翼巷，附近的水磨巷有蔡太师园。向南洗马桥西巷内，是华严尼寺、王小姑酒店。向北去，有金水河，这里有两浙尼寺、巴娄寺、养种园，里面四时花木繁茂兴盛，很值得观赏游玩。向南去是药梁园、童太师园。再往南去是铁佛寺、鸿福寺、东西栢榆村。

仕女出游

童太师，北宋末著名宦官、权臣童贯，深得徽宗宠幸，与蔡京等人把持朝政，掌握北宋军权，后被宋钦宗处死。

出州城北面有模天坡、角桥，从这里可抵达仓王庙、十八寿圣尼寺、孟四翁酒店。出州城西北面原来有个庶人园，园子里有创台、流杯台榭等数处景致，允许百姓入内赏春。

佚名　花蓝图

大致说来，京城附近都是园林，方圆百里之内，没有闲置的地方。转眼间，春意充满原野，气候温暖晴朗，万花争相开放，竞相伸出粉色的围墙。细嫩的柳枝横斜聚拢，掩盖遮挡郊外的道路。路上香车的车轮缓缓地碾过，芳草如轻软的褥子。骏马在欢快地嘶叫，香花犹如锦绣般芬芳。黄莺在芳树鸣啼，燕子在晴空飞舞。红妆美女在宝榭层楼奏乐，白面书生在画桥流水旁边行走边歌吟。举目所见，是秋千上女子美好的笑容；所到之处，是蹴鞠场上少年男儿狂放不羁的身影。探寻春意，选取胜景，落花飞絮不时坠入金质的酒樽；折来翠枝，插上红花，蜂蝶暗中追随回归的马匹。接着就是清明节了。

荡秋千的姑娘

梦华录 · 佛道

在电视剧《梦华录》中，大相国寺在多处出现，赵盼儿等人初入东京，在繁华的街市上就遇到了化缘求财的和尚，他们很可能正是占据黄金商业口岸的大相国寺的和尚。顾千帆曾约赵盼儿一起到大相国寺游玩，还曾向大相国寺借贷，资助赵盼儿开酒楼。赵盼儿想要开酒楼，需要准备六百贯的资本，而顾千帆手上则只有二百贯钱。于是在一个深夜，顾千帆夜将一张“大相国寺长生库库贴”的票据放在了赵盼儿的桌上，上面写着“准折小平钱三千贯”，这三千贯乃是顾千帆以家产为抵押从大相国寺借来的贷款。作为朝廷要员，世家子弟，顾千帆借钱想到的债主竟然是“世外”的大相国寺。大相国寺的资产很大一部分来自皇室、权贵、民间的施舍，此外还有商户在大相国寺租赁摊位缴纳的费用，宋代的佛教既影响了人们的信仰世界，同时也参与到了俗世的商贸中来，凭借着积累的财富，进一步地对外放贷，陆游在《老学庵笔记》中说道：“今僧寺辄作库，质钱取利，谓之‘长生库’。”

宋代的道教也有着很大的势力，宋真宗对道教非常崇信，在位时不断制造天降祥瑞，以夸耀自身的德治，维系皇权，真宗也正是电视剧《梦华录》中官家的原型。赵盼儿的前男友，新科探花欧阳旭为了出人头地，做了管理道教的差事，接近道教权势人物，帮助官家求仙问道，以此向皇室邀宠。

卷柒

破阵乐·露花倒影

柳永

露花倒影，烟芜蘸碧，灵沼波暖。金柳摇风树树，系彩舫龙舟遥岸。千步虹桥，参差雁齿，直趋水殿。绕金堤，曼衍鱼龙戏，簇娇春罗绮，喧天丝管。霁色荣光，望中似睹，蓬莱清浅。

时见。凤辇宸游，鸾觞禊饮，临翠水，开镐宴。两两轻舠飞画楫，竞夺锦标霞烂。罄欢娱，歌《鱼藻》，徘徊宛转。别有盈盈游女，各委明珠，争收翠羽，相将归远。渐觉云海沈沈，洞天日晚。

清明节

清明节，通常京城以冬至后的第一百零五天为大寒食。大寒食前一日叫作“炊熟”。在这一天，各家各户用面粉蒸制飞燕状的嵌有枣子的面食，即所谓的“枣锢”，百姓们还用柳条把它们串起来，插在门楣上，这就叫作“子推燕”，以此来纪念不愿意接受高官厚禄而被火烧死的介子推。女孩子年满十五就到了及笄之年，父母大都在这一天为到了年龄的女孩子束发插簪，以示成年。寒食过后第三天，就是清明节了。

大寒食，寒食节。《岁时广记》记载：“清明前二日为寒食节，前后各三日，凡假七日，而民间以一百四日始禁烟火，谓之私寒食，又谓之大寒食，北人皆以此日扫祭先茔，经月不绝。”

炊熟，宋代称寒食节前一日为炊熟。因寒食禁火，节前一日必须烧好食物，故称。

子推燕，子推即介子推。相传介子推不受禄，逃往绵山。晋文公焚山索之，子推不出，焚死山中。晋文公为纪念此事，每逢此日吃寒食断火，民间风习。

及笄，指女子到了可以许配或出嫁的年龄。女子满十五周岁结发，用笄（簪子）贯之。

大抵新坟都在清明节当日拜奠祭扫。京城中人在这一日纷纷出城，如家中有新坟，则前往郊外扫墓。而宫中在清明节前半个月，即已派宫人乘坐车马去朝谒祭祀了前代皇帝的陵寝。宗室、南班官等皇室近亲，也被分别派遣到各处陵墓坟地祭祀。参与祭祀的随从人员全都身穿紫衫，戴白绢三角子，腿裹青色绑腿，这些服饰全部由朝廷供给。

南班，宋仁宗于南郊大祀时，赐皇族子弟的官爵，谓之南班。

绑腿，绑腿布。古时男女都用。后惟兵士或远行者用。

仕女郊游

清明节这天，朝廷派出车马侍从，前往奉先寺、道者院祭祀诸妃嫔的坟墓。搭载人员前往祭祀的车马布置十分华丽，很有排场，车厢都装饰以金、铜雕刻，并配有天青色的车幔，车额由锦缎制作、门帘由珍珠串成，车马两边有掌扇遮挡，前有绢纱灯笼为前导，士人庶民纷纷驻足观看，街道为之堵塞。

京城各城门附近经营祭祀用品的纸马铺，当天都当街摆放着用纸卷曲折叠成的楼阁形状的祭品，供人观赏，招揽顾客。郊外四野如集市一般，十分热闹。踏青之人，往往围坐在繁盛的树木之下，或园林花圃之间，摆列杯盘，放上瓜果美食，劝酒酬和。京城中的歌舞艺人，男男女女，遍布郊外各处亭园，玩乐、表演到日暮才回家。当天郊外还有许多人摆摊设铺，出城的人们各自携带着从铺子上买来的枣𫗦、炊饼、黄泥土偶、玩具刀、名花、异果、泥土制的假山亭台、赌博和游戏用具、染色雕刻的鸭蛋、雏鸡等各式物品回家，这些东西叫作“门外土仪”，所谓“土仪”，即用来送人的土特产品。人们出行的轿子用杨柳枝条、各种杂花装点，堆簇在轿顶上，杨柳鲜花四面垂挂下来，又将轿子遮映起来。

柳永的《木兰花慢·拆桐花烂漫》曾描写了清明时节民众郊游的绮丽场景，词中写道：

拆桐花烂漫，乍疏雨、洗清明。正艳杏烧林，缃桃绣野，芳景如屏。倾城，尽寻胜去，骤雕鞍绀幰出郊坰。风暖繁弦脆管，万家竞奏新声。

盈盈，斗草踏青。人艳冶、递逢迎。向路旁往往，遗簪堕珥，珠翠纵横。欢情，对佳丽地，信金罍罄竭玉山倾。拚却明朝永日，画堂一枕春酲。

自大寒食起的三天时间，京城中人都会出城上坟，但以冬至后第一百零五日的寒食节当天最为繁盛。在节日当天，街坊集市中会售卖稠粥、麦糕、乳酪、乳饼之类的食品。傍晚，出城郊游、祭祀的人们缓缓进入城门，斜阳的余晖映照在御道两旁的柳树上。微醉的人们回到自家院落，明月的清光挥洒在地上如同洁白的梨花。

当日，驻扎在京城的各支禁军，各自排成队伍，骑马作乐，四出踏青巡逻，这就叫作“摔脚”。所有队伍都旗帜鲜明、军容雄壮、人马精锐，这又别是另一种景观了。

卖咸鸭蛋

三月一日开金明池琼林苑

三月一日，朝廷开放在州城西面顺天门外的金明池、琼林苑供百姓参观游玩，为迎接这一天天子御驾的到来，水军平常时节每日在此操练御驾亲临时的仪式规范。此地为宫廷禁地，但在三月一日这一天天子的侍从、士人庶民都可随意入内观赏。御史台也发布榜文明示，当日不准对前来赏玩的朝臣加以弹劾。

金明池，汴京城外的人工湖，后周世宗开凿此湖以训练水军准备征讨南唐。北宋皇帝会定期前来阅兵，承平日久后，水军在此的定期操演向娱乐化转变，成为北宋京城外著名的游冶之地。

琼林苑，与金明池相对而望，北宋皇帝宴请新科进士之地。

金明池在顺天门外街的北面，周长约九里三十步，金明池东西向直径大约有七里。进入金明池大门，沿着内池的南岸向西行走百余步，有一座朝北的临水大殿，天子亲临金明池，观看水军争夺锦标的比赛、赐宴属下大臣等活动都在此殿之中举行。以往天子驾临金明池，只是临时搭建彩色幕帐作为驻跸之地。到了政和年间，就在金明池边用土木建造起了大殿了。从这座临水的大殿再向西走数百步，就到了仙桥，仙桥自南到北长数百步，水面上有三个桥拱，这三个桥拱犹如三条彩虹横跨金明池。朱红色油漆涂饰的栏杆下面的桥柱排列成雁群飞翔的行阵。桥的中央隆起，这就叫作“骆驼虹”，远远看去，犹如飞虹一般。桥的北面尽头之处，就是搭建在金明池中岛上的临水殿。

临水殿有五间大殿，恰在金明池的中心。这五间殿四岸的池壁由石头砌成，各殿彼此相互对称。大殿中所设的座席，均挂有御用帷幄，殿内还设有朱漆明金龙床、河间云水戏龙屏风。大殿在当日也准许游人前来观赏。大殿的上下回廊，都是前来观游的民众赌掷财物、饮食欢宴的场所，也有卖艺的艺人在此表演，分列廊道左右。

桥上及两边，常有赌徒在此聚集，他们往盆中掷头钱，以赌博钱物、衣服及日常用品。游人来往，车盖相望，颇为热闹。桥的南面立有棂星门，这是一种有着黑色门楣的双开大门，跨过棂星门，映入眼帘的是两座彼此相对的彩楼。每当水军争夺锦标，宫廷乐官演奏音乐时，彩楼上就会站列许多妓女围观。宝津楼和棂星门相对，位于街南砖石垒砌的高台之上，广百丈有余。向前一直走，就到了金明池大门，大门宽百余丈，向下可以俯瞰到仙桥、临水殿。天子亲临时，就在此观看骑射和百戏表演。

群鱼戏瓣图

头钱，关扑赌博时先投一次钱取得资格，称为头钱。

百戏，各类的表演，《文献通考》记载："宋朝杂乐百戏，有踏球、蹴球、踏跷、藏挟、杂旋、弄枪、碗瓶、龊剑、踏索、寻橦、筋斗、拗腰、透剑门、飞弹丸、女伎、百戏之类，皆隶左右军而散居。每大飨燕，宣徽院按籍召之。"

金明池东岸，临水和靠近围墙处都载满了低垂的杨柳，杨柳两边都是彩棚、幕帐。临水的彩棚、幕帐对外租赁，游人可以租下这些幕帐，在内坐着观看官兵争夺锦标的比赛。街的东面都是酒食店铺、赌博交易场所及艺人演艺的场地和当铺。被典当到这些当铺之中的物品，如果过了几天不能按期赎回，那么一到金明池关闭之日，当铺便将典当物品没收出卖。

向北去一直到金明池后门，是连通汴河的西水门。金明池西岸，没有房屋建筑，但见低垂的杨柳点醮水面，烟草铺满堤岸，此处游人稀少，见到的大多是垂钓者。在金明池垂钓必须购买准许在此处捕鱼的牌子，才被允许入池捕鱼。游池之人若想购置垂钓者钓上的鲜鱼，需要出相较市场上成倍的价格才能买下，而后就可以在金明池就地临水切成鱼片，烹调成美食，用来佐酒，在此美景下享用美味，实在是

世间难得的乐事。

有时水军在金明池进行操练演习，训练结束后，就将小龙舟系在此处。金明池岸正北对着五间大殿之处盖着一栋高大的屋子，用以放置体量庞大的大龙船，叫作“奥屋”。天子亲自驾临金明池往往选取在三月二十日这一天。当日，诸禁卫班直军士头上插花，身披锦绣披肩，穿镶嵌金钱的衫袍，束金带或丝织腰带，大家都是诸如此类装扮，在队伍中竞相展示炫耀新制的军装。这天军士还会取出皇家府库中所藏的金枪、装饰着珍宝的弓箭等武器，携带着到金明池演习，绣有龙凤的旗帜在队伍中飘扬，军士胯下的骏马系着饰有红缨的锦制辔头，万马争相奔腾，銮铃声响震动大地。

驾幸临水殿观争标锡宴

驾临金水池这天，天子车驾先到金明池的临水殿，天子会在这儿赐宴群臣。临水殿前搭有水棚，在此排列着仪仗队与卫士。靠近临水殿的水域，有四条结彩的船只一字排开，上面有诸军演出百戏，百戏的节目包括舞大旗、扮狮豹、舞弄棹刀盾牌、装鬼神、演杂剧等。另外排列的两条船上，进行表演的都是乐队的人员。

水棚，浮动于水面上及搭建在水畔的棚子。

李昭道　龙舟竞渡图

在这四条结彩船身后还有一条小船，船上扎起了小彩楼，小彩楼下面有三扇小门，形状如同表演傀儡戏搭建的戏棚，它们正对着水中的两条乐队船。乐队表演开始后，这条小船会上来一个被称为“参军色”的教坊乐官，乐官向前说唱颂辞，然后乐声奏起，小船彩棚的中门打开，一个小木偶坐在船上，拿着船桨，从门中滑了出来。小木偶随后进行了情景表演，景象是有一名穿白衣的人坐在小船上在水中垂钓，身后小童子举桨划船，小船在水面上回环旋转数圈。而后垂钓的白衣人上前说唱颂辞，音乐再度随之响起，不一会儿小船上的白衣人竟钓上一条活的小鱼。又响起音乐，小船回到了彩棚中去。继而有木偶出来表演筑球、旋舞等节目，也各自说唱颂辞，且相互应和，奏响音乐，这种水上表演的傀儡戏叫作“水傀儡”。

参军色，宋代杂剧表演中负责指挥的人员。

此外，还有两条装饰华美的船，船上竖立着秋千架子，船尾上杂技演员正在表演爬竿。左右军院的虞候、监押、教头等，擂鼓吹笛相应和。又有一人在船上表演荡秋千。当秋千荡起升到将要和秋千架齐平时，表演的人就翻着筋斗纵身跃入水中，这一个表演节目叫作“水秋千”。水戏表演完毕，百戏船、乐船都各自敲起锣鼓，奏着乐曲，挥舞旗帜，与水傀儡船一起排成两列，分别向两边退去。

虞候，五代时都虞候为侍卫亲军的高级军官，宋代沿置，殿前司、侍卫亲军马军司、步军司均置都虞候，位次于都指挥使和副都指挥使。此外又有将虞候、院虞候等低级武职。

佚名　金明池争标图

此时二十条小龙船进发游了过来。每条船上各有五十多名穿红衣的军士。小龙船上都架上了旗、鼓、铜锣，船头站有一名军校，负责舞动旗帜引领船只前进。这些人属于禁军中虎翼指挥的军士。

紧接着小龙船的是十条虎头船，每条船船头上站立着一名身穿锦衣的人，手里拿着小旗，船上的其余人等都身穿青色短衣，头裹长顶头巾，整齐地划着船桨，这些负责划船的人员由百姓和卸任的小吏差役们（这群人应是脱离原来的官方团体，流入民间的表演者）组成。

随后，两条飞鱼船驶来，飞鱼船船身画着鲜艳的图画，其间镶嵌着金色纹饰，制作非常精巧。船上有五十多名身穿不同颜色戏装的人，他们的队伍中夹杂排列着手持各色彩旗和红伞的兵士，他们举着彩旗和伞左右挥舞，同时敲鼓着小锣、鼓、铙、铃铛之类的乐器。最

乐队船

后，又有两条鳅鱼形状的船划了过来，这种船由一根大木制成，船身很小，只能容下一人撑划，这些造船的大木都是运送花石纲时朱勔从民间征调进献而来的。

花石，即花石纲，运送花石往京师的船队。宋徽宗喜爱奇异的花木和石头，大臣蔡京就派专差向民间搜刮，劫往京城，供皇帝赏玩。

彩船　跳水船

朱勔长期主持此事。朱勔，富商出身，与童贯、蔡京交好，得以进入官场，首开花石纲之役。

天子亲临金明池观看时，这些小船成群结队竞相赶往奥屋牵引拉拽大龙船出港，随后大龙船在小船的围绕之下从奥屋中行驶出来，前往天子所在的临水殿，小龙船争相围绕大龙船划行飞舞，在前迎导，虎头船则用绳索牵引着大龙船向前拖行。

大龙船长约三四十丈，阔三四丈，船头至船尾装饰的龙鳞和鬣毛，都经过雕镂，形象逼真，并配以金饰，舱板上的油漆因长期的磨损已经失去了光泽。在龙船船板上的两边排列着十间楼阁，供妃嫔休息。大龙船正中间设有天子御座，御座后安放有龙水屏风。舱板到船的底部深达数尺，船底上密密麻麻地排列着铁铸的银锭状的铁块，这些铁块有桌子那么大，以此来压舱，这样才能使大龙船在水中航行时不会倾斜。大龙船上有层楼、馆阁和曲折的栏杆，这些地方也都安设了御座。大龙船龙头上有人挥舞旗帜，龙船船板两边水棚各排列六支船桨，兵士随着旗帜的指挥整齐地划动着船桨。大龙船疾速前进，宛如在水面飞腾，到达临水殿后便停靠在一边。

在从临水殿向前一直到仙桥一带的水面上，人们预先插上了红旗，以标志水域的远近。前面所述的那些小龙船，排列在临水殿前面，呈东西两排，船头两两相对。虎头、飞鱼等船，分布在小龙船的后面，就如两军对阵的阵势。

待各色船只排列完毕，片刻之后，临水殿前的水棚上有一名军校挥舞着红旗发出号令，小龙船各自鸣锣击鼓出阵，划桨转向，共同组成一个圆形的船阵，这些小龙船在水面上不断旋转，这就叫作“旋罗”。随后临水殿前的军校再次挥舞红旗发令，那些船只就分成两支队伍，各自组成新的圆阵，这种阵法叫作“海眼”。军校再用旗发令，两队船相互交叉错综，这种阵法叫作“交头”。又见红旗发令，则所有船全都排列在五殿的东面，面对临水殿排成行列。

此时有一条小舟划了过来，舟上有一名军校手执一根长杆，上面挂着织锦、银碗之类的物品，这根竿子叫作“标杆”。这名军校随即把标杆插在靠近临水殿的水中。又见临水殿前的军校红旗一招，排成两行的小龙船便敲着鼓一齐进发，争抢这支标杆，连同虎头船等各类船只都参与到比赛之中，捷足先登者抢得标杆，就大声呼喊万岁，并跪拜舞蹈。争夺锦标的比赛共有三轮，随后便告结束，天子及随行人等离开大龙船，这些小船又重新牵引着大龙船回到奥屋中去。

驾幸琼林苑

天子驾临的琼林苑在顺天门大街，琼林苑大门朝北，与金明池相对。琼林苑大门通向琼林苑苑内的官道两边，全是古松怪柏，苍翠清幽。道路两旁有石榴园、樱桃园之类的园林，园中皆有亭台楼榭，大多为酒家所有。

政和年间官府在琼林苑的东南角修筑了华觜冈。此地高达数十丈，上面有宽广的台观层楼，金碧辉煌，相互映照。冈下有色彩缤纷的石头铺成的曲折环绕的小道，再往前，有名贵石料砌成的池塘，柳枝遮掩着飞架池面的虹桥，鲜花环绕着雕绘华美的大船。这些花是从福建、广南路、两浙等地进献而来的，包括素馨、茉莉、山丹、瑞香、含笑、射香等产自南方的花木。琼林苑中还有月池亭、梅亭、牡丹亭之类的亭台，数量太多在此无法一一列举。

两浙，指北宋的两浙路，包括浙东和浙西两路，辖今浙江省全境和江苏省长江以南地区。

广南路，辖境约为今广东、广西、海南。

驾幸宝津楼宴殿

宝津楼的南面有举行宴会的大殿。天子驾临时，妃嫔的车马即停在此处。此地平时禁止游人出入，专门有官员监管此事。宴会大殿的西面有天子射箭的大殿，宴会大殿的南面有一条横街，这里的官道上种植着柳树，是京城中人打马球的地方。向西去是琼林苑西门，有水虎翼巷。在横道的南面，有栽种着梧桐树的官道，官道两旁装点着园圃、台阁、亭榭。向南有一座装饰精致的桥，过了此桥，会看到池水中心的一座大顶亭子。亭子位于方形的池塘之中，四周被柳树围绕，这个亭子叫作“虾蟆亭”，也为酒家所有。

彩楼龙船

平日天子没有驾临之时，水军集中在琼林苑大门前操练。天子前来时，侍从队伍会行进到琼林苑大门而后止步，大门两边围墙处，全搭建起高高的彩棚，当日朝廷准许士人庶民前来观赏，并为皇上献演百戏。天子乘御马前往金明池时，身边侍从就张起黄罗盖伞，军士在旁击鞭发布号令，诸军的行动都按照礼制进行。每当遇到大龙船出奥屋，诸军进行水上表演，及天子乘马到金明池观赏时，此处的游人便会成倍增加。

驾登宝津楼诸军呈百戏

天子登上宝津楼礼毕后，诸军即在楼下表演百戏。最先列队而出的是十余名敲鼓手，其中一人摇着双面鼓，走上前去说唱颂辞，他们大多唱的是《蓦山溪·青春三月》这首曲子，是《蓦山溪》的调子。唱完之后，鼓笛齐鸣，一个裹着红巾的人舞弄着大旗进入场中，接着舞狮和舞豹的人入场，舞狮、舞豹的人表演的动作包括坐下、起跳、前行、后退等，舞姿灵活自如、迅疾威猛。舞弄完毕，这些人退场，又有一个头裹红巾的人手执两面白色旗子走了出来，他跳跃着打着旋子，像旋风似的舞动，这个人叫作“扑旗子”，随后还有爬竿、翻筋斗之类的表演。

诸军百戏，北宋时期汴京每逢盛大节日，禁军中的左、右翼军联合民间的艺人表演大规模的杂技，皇帝亲临观赏，称为诸军百戏，百戏包括筋斗、打弹、弄熊、叫虫蚁、透剑门、写沙书、飞弹丸、壁上睡、火戏儿、烧烟火、水戏儿、射穿弩子等杂艺。

这些表演结束之后，乐队奏起《琴家弄令》这首曲子。此时有身穿彩色服装、身体轻捷强健的军士百余人上台，有数人在队前手持旗子列阵作为前导队，其余人等各执雉尾、蛮牌、木刀。最初这些军士排列成行，跪拜着行礼舞蹈，接着交互变换为开门、夺桥等阵形，然后又列成偃月阵。此时乐队又奏起《蛮牌令》，阵中有两人出阵对舞，做出劈刺的样子，一人做奋力搏击的姿态，另一人则装作受伤倒下，跌出场外。这样的双人搏斗表演，共有五七对。各队表演劈刺的武器有所不同，有的用枪对蛮牌、有的用剑对蛮牌。忽然，一声如霹雳的巨响发出，这就是“爆仗”。响声一起，持蛮牌的人就向后引退。

爆仗，古代的烟花爆竹，用以驱邪。

蛮牌，盾牌。

随即烟火大起，一群戴着假面具、披散头发、口吐狼牙烟火、装扮成鬼神模样的人上场。这些人身穿青色贴有金花、短后幅的上衣，下着贴金的黑色裤子，赤着脚，携带着大铜锣，随着舞蹈节奏，身形步伐或进或退，这就叫作“抱锣”。这些人或是绕场数次之后放烟火，或是就地直接施放。又一声爆仗响，乐队奏起了《拜新月慢曲》。此时有将脸涂成青绿色、将眼睛涂抹为金色、戴假面具的人上场，他们身披豹皮、腰缠锦绣看带之类的物品作为装饰，这种形象叫作“硬鬼”。他们手持刀斧，或者棍棒之类的东西，踮起脚跟站立，做出驱赶、捉拿、察看、倾听等驱鬼的动作。

又听得一声爆仗响，有戴着假面具、留着长胡子、身穿官服、脚蹬靴子、拿着手板装成钟馗模样的人登场，旁边一个人敲着小锣相呼应以配合钟馗的舞蹈，这就叫作“舞判”。接着有几个很瘦的人上台，他们用各色粉涂抹身体，眼睛涂成金色、面孔涂成白色，犹如骷髅的形态。这些人系着锦绣围肚看带，手拿着软棒，踩着节奏，各自做出形象诙谐、步伐踉跄的行动举止，就像在演俳戏，这叫作“哑杂剧”。

又听得爆仗声响，有烟火就地涌出，以至于近在咫只，也看不清对方面目。只见烟中有七个人登台，他们全都披发文身，穿着青色纱质短后幅的上衣，腰系锦绣围肚看带，其中一人头戴金花小帽、手执白旗，其余人等都裹着头巾，他们拿着真刀，互相格斗劈刺，做出要将对方破面剖心的样子，这就叫作“七圣刀”。

忽然又听到爆仗响，又见烟火涌出，只见烟火弥散处有环绕的青色帷幕，周围站立数十人，全都头戴面具，身穿奇异的服饰，犹如寺庙中的神鬼塑像，这就叫作“歇帐”。

又听到爆竹响，这些人卷帷幕而退，接着有一人敲打小铜锣，引领着百余人登场，有的裹着头巾，有的梳着双髻，他们各穿不同颜色的半袖上衣，系着围肚看带，用黄、白粉涂在脸上，这就叫作“抹跄”。他们各拿着一口木棹刀，排列成行阵。敲锣者指挥诸人跪拜舞蹈，向天子请安之后，随着敲锣者的呼喊变换好几次阵形。然后这些人列成一字阵，两两出阵格斗，表演各种各样夺刀劈刺之术。表演完毕后，只见一人把刀扔在地下，就地摔倒，后背着地并发出声响，这就叫作“扳落”，其余表演者也依次一个个倒地，将“扳落”表演一遍。

表演完毕，又有一个装扮成农家子弟的人入场，念诵祝颂之辞毕，又有一个人装扮成村妇进入场中，与村夫相遇，各持棍棒，互相击打碰撞，做出相互殴打之状。最后扮村夫的人用棒将村妇挑到自己背上，背村妇出场，表演完毕。

村妇

村夫

此时，后部乐声起，诸军联合演出一段杂剧。接着露台弟子又演出一段杂剧。在此表演的声名在外的艺人有萧住儿、丁都赛、薛子大、薛子小、杨总惜、崔上寿等，在此表演的后辈新秀更是数不胜数。

乐曲歌舞完毕，诸班直和常入祇候的子弟献演骑术，先由一人空手骑马而出，这就叫作“引马”。接着一人挥舞旗帜骑马出场，这面旗帜叫作“开道旗”。接着有人骑着马，怀抱系着红色锦绳的红绣球，而后把绣球抛在地上，由飞奔的马拖着前行，后有数骑追逐，马上的子弟们用箭射绣球，用左手张弓的叫“仰手射”，用右手张弓的叫“合手射”，这种活动叫作“拖绣球”。随后又有人把柳枝插在地上，有数骑将划子箭或是用弓或是用弩射去，这就叫作“褙柳枝”。

有人用十余面小旗，团团插在风轮上，并背着风轮骑马出场，这种旗叫作“旋风旗”。又有人手执旗帜挺立马鞍之上，叫作“立马”。有人从奔马上跳下，又用手抓住马鞍重新上马，这就叫作“鹞马”。有人用手抓住马镫，身体在马后的绊带处跳来跳去，这就叫作“跳马”。有人忽然间使身体离开马鞍，屈起右脚挂在马鬃处，左脚仍在马镫里，左手抓住马鬃，这就叫作“献鞍”，又叫“弃鬃”。有人背坐在马上，用两手握着马镫，以肩贴着马鞍，双脚朝上伸直，这就叫作“倒立”。有人突然间伸脚着地，人被倒拖着随马而走，随后此人复又跳上马背，这就叫作“拖马”。有人留左脚踩着马镫，右脚从马镫中取出，人离马鞍，将身体横在马鞍的一边，右手抓住马鞍，左手抓住马鬃，稳住身子伸直一条腿，随马而走，这就叫作“飞仙膊马”。又有的人将身子蜷曲在马鞍的一侧，这就叫作“镫里藏身”。有人用右臂挟住马鞍，脚着地随马而走，叫作“赶马”。有人一脚离开马镫，坠下身子，靠着绊带，用手向下接触地面，做出取物的形状，这就叫作“绰尘”。有人放开马并让马先跑，自己在后追上马，抓住马尾纵身上马，这就叫作“豹子马”。有的人横身在马鞍上，或舞弄锋利的刃剑、或耍重物、或舞大刀、或舞双刀等。

各种各样的马术表演一一完毕后，有身穿黄衣的老兵数人，他们被称作“黄院子”，“黄院子”手执绣有龙的小旗在前引导，其后跟从着由宫女组成的骑队百余人，这叫作“妙法院女童”。这些宫女全都是青春年少的俊美女子，然而装束却如同男子。她们头裹短顶头巾，身着各色锦绣镶嵌金丝的番缎窄袍，腰束厚实的腰带，马匹上全都配有美玉镶嵌的络头、金制的嚼子、名贵的马镫、华美的鞍垫。服饰的色彩在日光照耀下闪烁，阵阵香风袭人。这些妙法院女童疾驰至宝津楼前，然后绕场数次，随着轻灵的鼓声，马上有女童表演马戏。

宦官许畋押队，指挥女兵组成队列，听到鼓声，女童一齐纵身下马，一手执弓箭，一手揽住缰绳，在原地如男子般行礼，向天子跪拜、山呼“万岁”。礼毕，又听鼓声为号令，跨马而上。大致上说，宫廷中穿着男子装束的宫女，需随同男子礼仪行事。她们又再次疾驰旋转，分、合阵形完毕，分为两个阵营，随后两两出阵，左右两边放开战马，女童在马上挺直身躯，背身拉弓射箭，随后手持番枪或棍棒，在宝津楼前的旷地上交锋。女兵的骑术表演尽显骁勇，随后引退，乐队又再次奏乐。

随后表演马球。先在楼前空地上架设好用彩缎扎成的小球门，然后，有百余名身穿彩色服装的男子入场，他们全都裹着角子向后拳曲的花幞头，一半人穿红色的锦袄子，一半人穿青色的锦袄子，他们身披长大的衣衫、束着腰带、脚穿丝鞋，各自骑着配有华美的鞍子、精美鞍垫的驴子，分为两队。每队各有头领一名，都各自手持画有彩色图案的球杖，这叫作“小打”。一方的头领用球杖连续击球，球如连

妙法院骑马女童

缀在杖上一样不落下来。球一旦坠落到地上，两队便开始争相抢夺，然后将球奉送给头领。左边一队，以击球过球门入网为胜。右边一队则向前争抢，不让对方把球射入网内。这样两队相互追逐，最终以所得筹码的多少领取赏赐谢恩而退。

接着，有黄院子引出宫女百余人，也如“小打”的形式进行表演。相较男子，宫女都戴珍珠翠玉装饰，腰束玉带，脚蹬红靴，各骑小马，叫作“大打”。这些宫女人人骑术精熟，疾驰如有神助，神态优雅轻盈，风姿绰约柔美，人世间是只能在图画中才能见到这样尽善尽美的情景。到此献演百戏全部完毕。

妃嫔

驾幸射殿射弓

天子前往射殿射箭，射殿垛子前站立招箭班军士二十余人，全都戴长脚幞头，头束紫色刺绣抹额，穿紫色宽衫，披黄色大袍，像大雁展翅那样整齐排列成两队。天子弯弓放箭，御箭向前飞去，招箭班军士便齐声呼喊跳跃，他们队形合拢而后分开的瞬间，箭已射中靶子。又有一个人口中衔着一只银碗，两肩、两手也放置一只银碗，全身共有五只银碗，天子的箭射过来都能用碗接住。射箭毕，天子车驾又回到宴殿。

抹额，束在额头上的巾饰。

军人射箭

池苑内纵人关扑游戏

琼林苑、金明池内，除酒家、艺人所占苑圃、场地外，其余的地段大多搭建着彩色帐幕，交错连接在一起。这些彩色帐幕铺设着各类珍玉、奇异古玩、丝织品、日常用具、茶酒器具等物品，这些物品都是用来作为博戏赌注的。玩博戏的人都玩得很大，甚至有赌博达一比三十的。不仅仅是这类的小件物品，甚至车马、田地房屋、歌姬、舞女，都可以商定价钱作为赌注。在此提供赌具、聚众赌博的商家很多，最有名的有任大头、快活三等人，其余也就不一一列数了。

佚名 蓼龟图

琼林苑、金明池的管理人员定期向皇帝进献产出的鱼、藕及各类果实，天子再将这些赏赐给臣下，官员们收到的赏赐多少不一。后苑造作所进献的小龙船，以雕琢的象牙、镂刻的珠翠作为装饰，极尽精巧。

跟随在天子左右，在金明池现场表演献艺的艺人有很多，宣和、政和年间，有名的诸如张艺多、浑身眼、宋寿香、尹士安演奏小乐器，李外宁表演水傀儡，其余的不计其数。

金明池的饮食也很丰富，提供的菜品包括水饭、凉水绿豆、螺蛳、饶梅花酒、山楂片、杏片、梅子、香药、脆梅、旋切鱼脍、青鱼、盐鸭卵、杂和辣菜等。金明池水上演习教阅结束后，富贵之家就搭乘自家的双缆黑漆平底船，上面挂着紫色帷帐，带着家中的歌妓前来游池。宣和、政和年间金明池也有供租赁的大小船只，士人庶民可以租赁船只到金明池赏玩，租船的价格各有不同。

驾回仪卫

天子车驾回宫，则头戴便帽，帽子上插着花，骑马而行，车驾前后是随从的近侍、百官及仪仗卫队，全都头戴皇帝的赐花。大观初年，徽宗乘着青骢马走至太和宫前，忽然宣召小乌马。这匹马来到天子面前，却拒不向前。左右侍从说："这是希望能被封官。"于是徽宗特赐小乌马为龙骧将军，小马马上就服帖了，让人戴上了缰绳，然后徽宗上马，这是小乌马乃是徽宗平日心爱之马的缘故。

小乌马，宋徽宗心爱之马，《枫窗小牍》记载："徽庙尝乘骢马至太和宫前，忽宣平日所爱小乌马至御前，马足不肯进，左右鞭之，益鸣跳不如调驯。时圉人进曰：'此愿封官耳。'上曰：'猴子且官供奉，况小乌白身邪？'敕赐龙骧将军，然后帖然就辔。"

那些日子，处处锦绣，充盈都城，花光耀日，满目皆是，御香掠过道路，音乐响彻天空。车骑交相往来，彩棚排满街道。绮罗珠翠，户户似天仙所居；画阁红楼，家家如神仙洞府。游人不论士庶都纵情游玩，车马往来，数以万计。

妓女往日大多乘驴，宣和、政和年间就只乘马了，她们往往身披凉衫，将遮挡面部的披巾系在冠子上，放在背后。那些轻薄少年往往跟随在妓女身后指点嬉笑，他们也骑着马，身穿轻衫，头戴便帽。常常有三五个文身的恶少骑着马在大街上游走，这些人就叫作“花褪马”。他们会用短缰绳迫使马头擦地而行，叫作“鞅韁”。这些人在街上大声吆喝，往来疾驰，竞相夸耀所骑之马奔驰之快。有些赌徒用竹竿挑着经一整天赌博所得的物品往家走。那些富贵之家的妇女，乘坐的小轿上插着花，帘幕也不放下，饱览街景。从三月初一日开放至四月八日关闭，即使刮风下雨，琼林苑和金明池中也有很多游人，全无闲日。

这个月是暮春时节，万花烂漫，牡丹、芍药、棣棠、木香等种种鲜花上市，卖花人用马头竹篮盛装这些花，在街边一字铺开，歌唱着叫卖，清奇动听。宁静的庭院，日照垂帘，入云的高楼，光影婆娑。在前一宿饮酒的人尚未清醒，刚从美好的梦境中起来，闻听叫卖鲜花的清奇之声，无不感发新愁，凭空生出忧郁之感，这最是春日的佳境。这个月，诸军出城到郊外，配合操练战阵队形。

梦华录·博戏

东京街巷上的赌博娱乐活动十分兴盛，到了节庆时节，皇帝甚至会专门下诏书允许都城纵许百姓赌博数日，许多商人也通过招揽赌博的方式来兜售自己的商品。电视剧《梦华录》中池衙内要求宋引章给他弹奏三曲琵琶，才肯不再找赵盼儿、三娘的麻烦，赵盼儿提出池衙内需要过文武三关才能让宋引章为他演奏。第一场对对子池衙内赢了，而第二场比试刀法三娘赢了，决胜局的第三场，池衙内提出比赛博戏掷骰子。池衙内在京城花天酒地，对于各类赌博技法十分熟稔，自视胜券在握，而赵盼儿出身乐籍，对于博戏娱乐更是胸有成竹，池衙内摇六个骰子掷出了三十六点，不想赵盼儿在摇色子的时候凭借精湛的技法用手中的金刚石戒指将一个骰子分割成了一个六和一个一，六个骰子掷出了三十七点，赢了池衙内，池衙内的手下只得继续在赵盼儿的茶铺干活。

卷捌

鹊桥仙·纤云弄巧

秦观

纤云弄巧，飞星传恨，银汉迢迢暗度。金风玉露一相逢，便胜却人间无数。

柔情似水，佳期如梦，忍顾鹊桥归路！两情若是久长时，又岂在朝朝暮暮。

粽子
香飲
香糖果子花巧
冰雪涼水
金杏紅菱

花油餅韡明菜花
醉仙新酒

四月八日

四月八日，是释迦牟尼佛的诞生日。这天京城中十大禅院各自都要举行浴佛斋会。寺庙煎熬放有香药的糖水，分送给来参加浴佛斋会的人饮用，这种糖水就叫作“浴佛水”。这时候白天的时光渐渐变长，气候也日益清朗和暖。石榴花满枝盛开的院落，不时听到黄莺求偶的啼叫之声；种植着细柳的亭轩，偶然可以看见带着雏鸟的飞燕。在京城的七十二户著名酒店，开始出售新鲜的青梅酒，整个市面为之一新。夏日最适合在州城南边的清风楼宴饮。在清风楼上刚刚品尝了初熟的杏子，忽然又有叫卖樱桃的人迎了上来。约上嘉宾胜友到此就座，酒杯交错，开怀畅饮，实在风流洒脱。在这个月，茄、瓠等时鲜蔬菜才刚刚上市，东华门的集市上，有人争先恐后地把这些东西进献到宫廷之中，每一对茄、瓠都可值三五十千钱。此时的时令水果则有御桃、李子、金杏、林檎等。

浴佛斋会，佛教在四月初八日释迦牟尼诞生日用水灌洗佛像，在浴佛的同时面向大众施斋。相传佛出生时一手指天、一手指地，有九龙吐水为其洗浴，故有此习俗。

端午

端午节应节的商品有百索、艾花、银样鼓儿花、绘有花卉等图案的精巧扇子，此外还有用香糖腌制的果子、粽子，用麦面蒸成的白团。人们将紫苏、菖蒲、木瓜全都切成细碎的茸末，用香药相伴和，盛放在红梅颜色的盒子里出售。

悬挂艾叶

从五月初一到端午节前一日，街市上会贩卖桃、柳、葵花、蒲叶、佛道艾等物品。到了端午节那天，家家户户都将这些东西放置在门口，与粽子、五色的糯米粉团子、茶酒等一起作为供品奉献给神灵，人们还把艾草扎成的艾人钉在门上。在节日当天，城中百姓都互相设宴招待对方。

百索，端午节习俗用各色丝线编织成索状饰物挂在门外，以辟邪、长命。

艾人，用艾草扎成的小人，端午节时挂在门前以驱邪。

六月六日崔府君生日，二十四日神保观神生日

六月初六日，州城北边庙宇举行祭祀典礼，庆贺崔府君的生日。人们为这位神祇献送了很多供品，别处没有像这样兴盛的庙宇。二十四日，州城西灌口二郎神的生日。这天尤为热闹兴盛。

崔府君，宋代的民间神，主宰幽冥之事。传说时为康王，后为南宋高宗的赵构被金国释放，南逃时在崔府君祠中休息，梦中崔府君对他说金人马上会追过来，让速逃，已为其备好马匹。赵构惊醒后发现身边有一匹骏马，乘着骏马渡河，渡河以后骏马不再跑动，下马视之乃是泥马。赵翼《陔余丛考·高宗泥马渡江之讹》记载："宋高宗初至杭州 ，即命立崔府君庙 ，以示灵异，于是精忠小说遂有泥马渡江之说。"

二郎神庙在万胜门外约一里处，天子专门将其赐名为神保观。二十三日，宫中差人献上由后苑作与书艺局等机构制造的供二郎神游戏玩乐的用具，如球杖、弹弓、射猎禽兽用的工具，以及鞍辔、衔

勒、笼子之类的物品。这些东西全都制作得十分精巧。乐队在二郎神庙作乐迎接宫中所献之物，直至供奉到庙里。

灌口二郎神，战国时秦国修建都江堰的蜀郡郡守李冰的二儿子李二郎。

二郎庙殿前的露台上搭建了演出伎艺百戏的乐棚，教坊、钧容直也到此奏乐，乐棚里交替上演杂剧、舞蹈。太官局提供供奉二郎神的食品，一个日夜有二十四盏食品供神享用，这些食品的摆放都有一定次序。至二十四日早晨，人们在半夜五更天就争着烧头炉香，有人提前一夜在庙内住宿，以便半夜起床争第一炷香。

百戏演出装鬼

天亮后，各官署的人员、各行业的百姓纷纷前来献送供品，络绎不绝。人们所献的物品，动辄数以万计。寺庙外举行迎神赛会，各种杂戏在露台上献演。当天一大早就开始了百戏演出，如上竿、趯弄、跳索、相扑、鼓板、小唱、斗鸡、说诨话、杂扮、商谜、合笙、乔筋骨、乔相扑、浪子杂剧、叫果子、学像生、棹刀、装鬼、砑鼓、牌棒、道术之类的剧目，样样皆有，至傍晚时还表演不完。殿前有两根旗杆，高数十丈，左侧由京城所、右侧由修内司各出材料竖起，并分别由两所管理。还有人上旗杆献演伎艺，艺人在旗杆顶端安放上横木，站在上面，装神弄鬼，口吐烟火，非常危险，令观众深感惊恐。这些表演直到晚上才结束。

是月巷陌杂卖

此月的应时食品，在街巷、路口、桥头、城门、集市店铺都有售卖，主要是大小米稀饭、炙肉、干脯、莴苣笋、芥辣瓜儿、义塘甜瓜、卫州白桃、南京金桃、水鹅梨、金杏、小瑶李子、红菱、沙角

佚名　柳院消暑图

儿、药木瓜、水木瓜、冰雪凉水、荔枝膏等物。贩卖这些东西时，商贩都张开青布伞，当街支起床凳堆放食品。卖冰雪冷饮的属旧宋门外两家最为兴盛，他们所售卖的冷饮全用银器盛装。此外还有沙糖绿豆、水晶皂儿、黄冷团子、鸡头穰冰雪、细料馉饳儿、麻饮鸡皮、细索凉粉、素签、成串熟林檎、脂麻团子、江豆䃔儿、羊肉小馒头、龟儿沙馅之类的食品也在这个时节热销。因为六月里没有其他时令节日，所以京城中人最看重三伏。三伏天时，京城人往往在临风面水的亭台楼榭，或在高峻巍峨的楼宇内休闲，吩咐好商家后，会有专人送来瓜果李子，这些瓜果都浸泡在雪水冰盘中，颇为爽口。流觞曲水的宴集之处，可以品尝苞鲊新荷（一种腌鱼）等佳肴，不论远近，随处能听到悠扬的笙歌之声，大家沉醉在欢乐之中，通宵才结束。

李嵩　货郎图

七夕

七月有七夕节。在这天，潘楼街东面宋门外的瓦子，州城西梁门外的瓦子，北门外、南朱雀门外街以及马行街内等地方，全都是卖磨喝乐的。磨喝乐是一种小巧的泥塑土偶，装置在雕花加工、施以彩绘的有围栏的木制底座上。有的磨喝乐还用红纱碧笼加以裹罩，有的则用金银珍珠、象牙翠玉加以装饰。一对包装精美的磨喝乐甚至可值数千钱。宫中及富贵之家以至寻常的士子平民，都会在这一天购置备好磨喝乐，以作为应时物品。

磨喝乐，原为佛教八部众神之一的摩睺罗神。唐宋时借其名制作为一种土木偶人，于七夕供养。唐时也叫“化生”。谓供养以祝祷生育男孩，故成为送姻亲家的礼物，后成为儿童玩具。吴自牧《梦粱录》卷四“七夕”一节云：“内庭与贵宅皆塑卖磨喝乐，又名摩睺罗孩儿。悉以土木雕塑，更以造彩装襴座，用碧纱罩笼之，下以桌面架之，用青绿销金桌衣围护，或以金玉珠翠装饰尤佳。”

除磨喝乐外，七夕还有许多精美的手工艺品售卖。有用黄蜡浇成凫雁、鸳鸯、鸂鶒、龟、鱼之类的动物，加以彩绘金饰的塑像，叫作“水上浮”；有在小木板上铺上泥土，种上粟，加以栽培，使之长出幼苗，又在小木板上置放手工制作的小茅屋和各种花木，最后将农家小人物摆放在上面，布置成乡村院落形貌的模型，叫作“谷板”；有用瓜雕刻成各种花样的，叫作“花瓜”。

谷板，宋代七夕时民间流行的一种应时陈设。

鸂鶒（xī chì）：一种水鸟，形似鸳鸯而体型更大，往往雌雄结伴而行。

有用油、面、糖、蜜为原料制作成笑脸儿状的点心，叫作“果食”，这些果实花样新奇细巧，形状数以百计，还有商家将点心做成捺香、方胜之类的形状。如果买一斤果食，其中就会附赠有一对身披铠甲头盔的小人，像门神的模样。这一习俗一直流传，却不知源自何处，这对小人叫作“果食将军”。

果食，宋时小吃，在面粉上加糖做成人形。《岁时广记》记载：“京师人以糖面为果食，如僧食。但至七夕，有为人物之形者，以相饷遗。”

还有商家将绿豆、小豆、小麦放在瓷器内，用水浸泡，使其发芽，芽长数寸后，用红蓝彩色丝线扎起来，这种盆栽叫作“种生”。这些东西，都放置在街心的彩色幕帐中出售。

七夕前的三五日，京城内就已经车马往来不绝，身穿华丽的罗绮的人充斥街市。京城的人擅长用折来的尚未盛开的荷花来制作假的双头莲，做好后在郊野、街巷拿出来赏玩一会儿，然后又带回家去，路人见了，纷纷流露出赞叹喜爱的神情。小孩子则会将新买的荷叶拿在手中，做出模仿磨喝乐的模样。这几天孩子们都特地穿上新装，竞相夸耀展示身着服饰的鲜艳亮丽。

到了初六、初七的晚上，富贵人家大多在庭院中扎起彩楼，这种楼叫作“乞巧楼”。人们在院中陈列磨喝乐、花瓜、酒菜、笔砚、针线等物，或由儿童作诗，或由女郎呈献手工制作的精巧物件，而后点起了香，依次向天叩拜，这种活动叫作“乞巧”。

在这一天夜晚妇女会对着月亮穿针引线，有的妇女则将小蜘蛛装在盒子内，第二天打开观看，如果蜘蛛织的网圆匀端正，就是好兆头，叫作“得巧”。街市里巷人家与妓馆，往往将各种应季的时令物品陈列在门口，面对面地夸耀自家的富足，比赛奢华（“磨喝乐”源于佛经中的“摩睺罗”，现今民间写作“磨喝乐”）。

卖茄瓠

中元节

七月十五日，是中元节。中元节前几天，街市上就已经在出售各种明器：用纸包扎而成的靴鞋、幞头、帽子、金犀假带、五彩衣服等。这些东西都陈列在纸糊的架子上，商贩抬着架子，四处环游兜售。潘楼及州城东、西的瓦子，其陈设、售卖的货品种类名目，如街市摊贩上预备的七夕节的商品一样。此外街巷热闹处也有卖果食、种生、花果之类的物品的，还有的商家印刷出售《尊胜经》《目连经》等经书。

《尊胜经》，唐宋时流行的佛经，相传念诵此经“能灭众生一切恶业”。

中元节原为道家节日，原意为一年之中，受到佛教的影响成为祖先的祭日。

中元节这天，有人将数根竹竿砍削、捆扎成三脚状，高约三五尺，上端架上一个竹编的灯椀形状的器物，叫作“盂兰盆”。人们在盂兰盆上挂搭上衣服、冥钱，而后将其焚烧。勾栏瓦肆中的艺人，自过了七夕，便开始演出《目连救母》这部杂剧，直至十五日中元节这天全剧方才结束，中元节这天前来观看的人成倍增加。

盂兰盆，盂兰本梵文音译，意为倒悬。旧传目连从佛言，于农历七月十五日置百味五果，供养三宝，以解救其亡母于饿鬼道中所受倒悬之苦。南朝梁以降，成为民间超度先人的节日。是日延僧尼结盂兰盆会，诵经施食。后亦演为仅具祭祀仪式而不延僧尼者。

《目连救母》，宋代已经广泛流传的杂剧。目连母亲贪婪吝啬，不修善果，死后入地狱遭受重重苦楚，修成正果的目连前往地狱搭救母亲，虽法力高强也无济于事，于是请教佛陀，佛陀嘱咐其在七月十五举行法会，诵经施食，普度地狱恶鬼。

中元节前一日，城中即有卖楝树叶的，在祭祀祖先时人们往往用这种叶子铺衬桌面。有人售卖用麻及谷草编织而成的窠状之物，人们在祭祀时将它系在桌子的脚上，以此象征着好收成，在祭拜时汇报给祖先。城中还有卖鸡冠花的，又叫作“洗手花”。

十五日人们在祖先灵前奉祀素食。那天天刚亮即有卖穄米饭的。商贩挨门挨户地叫卖，供奉这种米饭也是祭告祖先收获有成之意。还有人卖转明菜花、花油饼、馂豏、沙豏之类的食品。在城外有新坟的人家，这一天即前往祭拜扫墓。宫中也派出车马前往道者院的逝者墓碑前祭祀。道者院及祠部下属十道，在这一天举办盛大法会，他们焚烧纸钱叠成的钱山，祭奠战争中阵亡的将士，并设置超度孤魂的道场，进行做法活动。

祠部，属礼部，专管祭祀、天文、医药、僧尼、卜算等事务。

立秋

立秋日，满街市到处是卖楸叶的，妇女和儿童们都将买来的楸叶剪成各种花样佩戴着。这个月是瓜果梨枣繁盛，大量上市的时节，京城中售卖的枣有好几个品种：有灵枣、牙枣、青州枣、亳州枣。

鸡头米（芡实）上市后，要数梁门里的李和家的鸡头米生意最好。宫中的近侍宦官及帝王的外戚，不时来李和家购买，李和家将鸡头米优先供应给皇室。宫中把这些果子作为御用点心，用金盒盛放，络绎不绝地送入内庭。百姓到李和家买鸡头米，一包需花费十文钱，店家会用小张的新荷叶将鸡头米包裹好，杂以一些麝香，再用红色的小绳系扎起来。出售鸡头米的商铺虽然很多，但都不及李和家店铺生意好，因为李和家的鸡头米是清一色精选出来的，有着银色皮子、又鲜又嫩。

李和，汴京以炒板栗闻名的商家。陆游《老学庵笔记》记载：“故都李和炒栗，名闻四方。他人百计效之，终不可及。”

卖瓜果梨枣

秋社

八月是举行秋社祭祀土地神的时候。人们各用社糕、社酒相互赠送庆祝节日。天子的亲族、嫔妃在举行秋社时会用猪肉、羊肉、腰子、乳房、肚肺、鸭饼、瓜姜之类为原料，切成一片一片如棋子的样貌，加以佐料，调匀滋味，铺盖在饭上，这种美食叫作“社饭”，社饭主要用来招待客人，并作为贡品供祭祀之用。

秋社，宋代风俗在立秋后第五个戊日，秋收完毕之时祭祀酬谢土神，称之为秋社。

举行秋社的时候，已婚妇女白天都回娘家，晚上再回来，回到娘家时，孩子的外公、姨妈、舅父等亲戚用新上市的葫芦儿、枣儿作为礼物相赠，当时的风俗以为这会“宜良外甥”，即给外甥带来吉祥。

村上的教书先生在秋社临近时预先收取学生们的学钱作为秋社活动之费，秋社活动期间，教书先生用学钱来雇请前来供杂役差遣的祗应人、白席人和歌唱艺人。待秋社活动结束后，学生们各自携带花篮、果实、食物、社糕回家。春社日、重午节、重九日也都是这样。

重九，九月九日重阳节。

中秋

中秋节前，城中各酒店都开始售卖新酿的酒，店家们都重新结扎门面彩楼上的花朵。他们在店门前竖立起顶端装饰有彩绘的旗杆，上面挂着画有醉仙的旗帜。京城中人争先到酒店饮酒，至午时和未时之交（上午十一点至下午三点），酒店的酒就已经卖光了，以至于家家无酒，店主只能取下酒旗，关门歇业。

中秋时节大闸蟹上新，石榴、榅桲、梨、枣、板栗、葡萄、鲜亮的橘子等美味果品也都刚刚上市，应季之物繁盛。中秋之夜，富贵之家结扎彩灯装饰亭楼台榭，城中百姓争先恐后到酒楼占据座席赏月。这天夜晚人声喧闹，乐声鼎沸，靠近皇宫的居民，深夜还能远远听到从宫中传来的笙竽之声，悠扬婉转，宛如天上神仙之乐。里巷间的儿童，通宵嬉闹玩耍。京城中夜市热闹异常，一直持续到天亮。

瓜果蔬菜

重阳

九月九日是重阳节，京城中供人们观赏的菊花有数种：黄白色花瓣、花蕊像莲房的叫万龄菊，粉红色的叫桃花菊，白色花瓣而花蕊呈浅红色的叫木香菊，黄色花瓣而花朵呈圆形的叫金铃菊，纯白色、花朵开得很大的叫喜容菊。这些供玩赏的菊花，处处都是。酒家在重阳时节流行用菊花扎缚成门户作为店门前的装饰。

重阳节这天京城中人大多出城到郊外登高，像仓王庙、四里桥、愁台、梁王城、砚台、毛驼冈、独乐冈等处都是人们宴饮聚会的地方，热闹异常。节前一两日，人们各自用面粉蒸糕相互赠送，上面插着各种纸剪的彩色小旗，糕上还掺杂着用作点缀的各种果实，如石榴子、栗子黄、银杏、松子肉之类的。又有人用面粉做成狮子蛮王的形状，放置在糕上，叫作“狮蛮”。

重阳节登高的习俗，相传始于东汉汝南人桓景，《岁时广记》记载：“汝南桓景，随费长房游学累年，长房因谓景曰：‘九月九日，汝家当有灾厄，宜急去，令家人各作绛囊，盛茱萸以系臂，登高饮菊酒，祸乃可消。’景如其言，举家登山。夕还，见鸡犬牛羊一时暴死。长房闻之曰：‘此可代之矣。’今世人九日登高饮酒、妇人带茱萸囊因此也。”

狮蛮，重阳节所制的蒸糕上的饰物形象，为南蛮王骑狮子之形。

李公麟　白莲社图　局部

重阳节这天京城的寺庙都举行有斋会，而狮子会则仅在开宝寺、仁王寺召开。这两个寺庙的众僧都坐在狮子座上，举行法事并讲解佛教经义，当天此二寺游人最为繁多。九月下旬就有店家开始准备贩卖纸糊的冥衣、靴鞋、席帽、衣缎等物，这是因为十月初一日有向神明、祖先烧献祭祀的习俗。

梦华录·夏令冰饮

宋代东京在不同时节供应着应季的美味，而在夏令时节，最受人们欢迎的就是各色的冰饮。皇室还设有冰井务供皇家用冰的服务，而冰井务正是下属于电视剧《梦华录》中顾千帆任职的皇城司。夏季用冰对于都市居民的生活非常重要，南宋的叶时就说过："盖冰之有无，有以验天令之愆；调冰之出入，有以关民生之安否。"

电视剧《梦华录》中，进入夏季后，赵盼儿开的茶坊需要用冰，顾千帆就给她供应了八大桶冰块，制作冰饮消暑。她们做的消暑食物有冰镇蜜瓜、红豆冰等，赵盼儿大秀倒茶绝技，给客人供应的上新饮品，正是夏季的冷饮紫苏饮子。

卷玖

天宁节

天宁节

杨时

祥开若木射瑶光，淑气先春影自长。玉陛风閒飞彩绶，兽炉烟暖袅珠囊。

云门羽鹤仪仙仗，天上蟠桃荐寿觞。已见晶辉环帝座，定应长照鼎宫傍。

十月一日

十月初一日，宰相以下官员领受天子赏赐的锦袄。十月初三日（现在改为初五日），京城百姓都出城祭祀祖先坟墓。宫中派出专人乘坐车马前往道者院和西京洛阳朝谒陵寝。皇族在十月一日前往诸陵祭祀所用的车马仪式规范，和寒食节当天的一致。当日主管部门向皇宫和各级政府进献烤火所用的木炭。民间都围坐炉火置办酒食，举办“暖炉会”。

油炸糕煎馉饳

暖炉会，北宋民俗，十月初一日家家户户开始烤火取暖，当天举行暖炉仪式，在炉边叙谈、宴饮。《醉翁谈录》卷四记载：“旧俗十月朔开炉向火，乃沃酒及炙脔肉于炉中，围坐饮啖，谓之暖炉。”

天宁节

十月初十日是天宁节。节前一个月，教坊就召集了诸多艺妓排练演奏。十月初八日，枢密使率领修武郎以上的武官前往相国寺为皇帝祈福；十月初十日，尚书省宰相及执政大臣率领宣教郎以上的文官前往相国寺为皇帝祈福。等到在相国寺内庆祝皇帝寿诞天宁节的祈福斋筵结束，官员们再前往尚书省的总办事厅，参加天子御赐的宴席。

侲童傀儡图

佚名　鹌鹑图

天宁节，即宋徽宗生日。北宋皇帝生日当天都定为当朝节日，王明清《挥麈前录》记载：“本朝太祖二月十六日生为长春节；太宗十月七日生为乾明节，后改为寿宁节；真宗十二月二日生为承天节；仁宗四月十四日生为乾元节；英宗正月三日生为寿圣节；神宗四月十日生为同天节；哲宗十二月七日生避僖祖忌辰，以次日为兴龙节；徽宗十月十日生为天宁节；钦宗四月十三日生为乾龙节。”

宰执亲王宗室百官入内上寿

十月十二日，宰相、执政大臣、亲王、宗室、百官入宫朝见皇帝，庆贺皇帝寿辰。大臣们手执笏板，按臣下朝拜君王的隆重礼节：大起居（仪式上有群臣将笏板插到腰间，群体起舞的环节）来朝见天子，举行朝拜典礼时最初尚未奏乐。集英殿的彩楼上，教坊中的演奏艺人仿效百鸟鸣叫发出声响。宫殿内外一片肃静，只听到半空中百鸟和鸣之声，犹如鸾鸟与凤凰在宫中飞翔聚集。

大起居，宋制，文武朝官每五日赴内殿参见皇帝，称为起居，日常的起居是群臣两拜，大起居的礼拜仪式更隆重。

百官谢坐仪式完毕后，宰相、执政大臣、帝王侍从、亲王、宗室、观察使品级及以上的人员，以及大辽、高丽、夏国的使臣、副使，都坐在集英殿上。六部和各寺、监的正副长官和下属百官，以及各国使臣的随行官员坐在集英殿下的两廊之中。武官军校以下的人员排列在彩楼后面。

寿宴上全都用红色面子青墩黑漆矮偏桌，每桌都放置有陈设着环饼、油饼、枣塔等糕点的餐盘，其次是盛装的各色果子。只有大辽使臣前面的酒席上，特别摆设有煮熟的带有骨头的猪、羊、鸡、鹅、兔肉，这些肉全都用小绳系扎起来。每桌上又有生葱、韭菜、蒜、醋等蘸料各一碟。每三五人围绕一张黑漆矮偏桌而坐，在他们座前置有一桶汤，桶内放着数枚勺子。

有两名教坊色长站在集英殿上的栏杆边，他们裹着头巾，身穿宽大紫袍，腰系金带，披着义襕，负责察看宴席上斟酒的情况、给天子斟酒，这个差使称为看盏。所谓看盏，即是在皇帝斟酒时，看酒杯的色长适时举起双袖，吟唱道“绥御酒”。声音刚停，色长就甩动双袖到栏杆而止。给宰相、执政大臣斟酒时，则吟唱“绥酒”，举袖、甩袖的动作和前面一样。

教坊的乐队，列于彩楼下的彩棚中，艺人们都头裹长脚幞头，随所在各部，分别穿着紫、红、绿三色宽衫，黄色义襕，腰束镀金凹面腰带。乐队最前面排列着拍板，十串排成一行；其次是五十面清一色的表面绘彩画的琵琶；接着列有两座箜篌，箜篌高三尺许，形状像半边木梳，黑漆底色，雕镂花纹，并绘有精美的图画，下有台座。箜篌上装有二十五根弦，有一人跪着用双手交互弹拨琴弦。

在箜篌后面是两面大鼓，安放在高大的鼓架上，彩绘的花纹底上画着金龙，击鼓人身穿背后结带的宽袖衫，另套黄色窄袖，衣饰上垂挂着丝带。鼓棒由金箔包裹，击鼓的人两手高举，交替击鼓，鼓槌上下翻飞宛若流星一样。

其后有羯鼓两座，就像普通的番鼓子。羯鼓安放在小桌子上面，鼓手两手拿着鼓槌敲击，杖鼓动随节奏敲击响应。

在羯鼓后排列着铁、石等材料制成的方响，方响悬挂在绘有图画的金色架子上，架子两端垂挂着流苏。再其后列有箫、笙、埙、篪、觱篥、龙笛之类的乐器。在乐棚的两旁排列着两百面杖鼓，鼓手都戴着长脚幞头，束着紫色的刺绣抹额，穿着背后系带的紫色宽衫，套着黄色窄袖、黄色义襕，衣饰上垂挂着丝带。

表演杂剧的艺人全都裹着头巾，各自穿着本部门的紫、红、绿色宽衫和义襕，腰束镀金腰带。这些艺人在御殿前的石阶两两相对而立，排成两列，队伍从殿外台阶一直延伸到乐棚。每遇歌舞者入场，排列在殿外的艺人就将两手在胸前相交，耸动左右肩，舞动双足应和着节拍，一起跳起舞来，这就叫作“挼曲子”（挼字的读音，是“仍”“回”二字的反切）。

诨裹，头巾一类的东西，裹成滑稽的样式以逗乐，大多为教坊、诸杂剧人所戴用。

羯鼓，乐器名。源自西域，状似小鼓，两面蒙皮，均可击打。

皇帝斟第一盏御酒时，一名被称为歌板色的歌手会手持拍板用中腔唱一遍歌曲，唱时笙与箫、笛各一支应和伴奏；随后又唱一遍，这时各种乐器一齐奏响，而旁听者主要听到的还是歌唱者嘹亮的歌声。

歌板色，乐队中手执拍板唱歌的角色。

给宰臣斟酒时，乐队奏起名叫《倾杯》的曲子。给百官斟酒时，乐队奏响《三台》曲，舞者随着曲调起舞。领舞的大多情况下是雷中庆。其余伴奏伴舞的演奏、舞蹈者，全都裹着头巾，身穿宽衫，乐人中只有雷中庆有官职，因而穿着官服。舞曲快要演奏到破、攧两部分时，一名舞蹈者入场表演。到歇拍时，又有一人入场，两人对舞数拍，而后先入场表演舞蹈的人退场，只有后入场的艺人在台上一直跳到乐曲结束，这就叫作“舞末”。

雷中庆，宋代著名舞蹈家，被称为“雷大使”。

破、攧，皆为舞曲段落名。

歇拍，一曲结束，演奏停歇。

皇帝斟第二盏御酒时，歌板色演唱表演如同第一盏时一样。给宰臣斟酒时，乐队奏起了节奏舒缓的慢曲子。给百官斟酒时，舞者随《三台》曲调起舞，和第一盏时一样。

到皇帝斟第三盏酒时，表演百戏的左右军入场，他们很快就排好阵列开始正式演出。在此所谓的“左右军”，指的是京城街坊、两厢的民间艺人，而不是禁军的左右诸军。他们所演百戏包括爬竿、走索、倒立、折腰、耍弄碗注、踢瓶、筋斗、擎戴之类的项目，而装扮狮豹、舞弄大旗、装神弄鬼类的表演则不在其中。艺人不论男女，全都头裹红巾，身穿色彩鲜艳的衣服。殿前原本就有用大石凿成的柱坑，百戏艺人入场后，随即在柱坑处竖起了演出用的戏竿。大凡御宴，到第三盏酒时，才有下酒菜奉上。这些下酒的菜肴有：肉、酰豆豉、爆肉、双下驼峰饺子等。

第四盏酒时，和上面的仪式一样。等到舞蹈结束，开始表演诙谐的节目。参军色手执竹竿、拂尘，上场念唱颂辞，朗诵颂诗，诸杂剧角色在旁应和，参军色再次念唱颂辞，艺人随着大曲的节奏起舞。此时送上盛放菜肴的盒盘，供应的下酒菜有炙子骨头、索粉、白肉、胡饼。

第五盏御酒时，乐官单独弹奏琵琶。给宰臣斟酒，配乐只有击打方响。凡单独表演奏乐，乐人上场后需先向皇帝谢恩，而后开始表演。给百官斟酒时，乐队奏起《三台》舞曲，舞蹈表演和前面的一样。表演结束，参军色手执竹竿子上前念唱颂辞，并招引小儿队舞上场表演。

小儿舞队挑选的都是年龄在十二三岁上下的小儿，约有二百人，他们排列成四行，每行有队头一名，由四人簇拥着。他们都戴着小隐士帽，身着红、绿、紫、青等色彩鲜艳的花衫，衣领四面开叉。小儿们身披义襕，束带，手执花枝，按秩序排定。在小儿舞队上台前，先有四名头裹卷脚幞头、身穿紫衫之人登台，他们手里面拿着一个彩绣垫子，上面贴着金色字牌，擂鼓而进，这就叫作“队名牌”。他们手持字牌上有一副对联，写的是“《九韶》翔彩凤，《八佾》舞青鸾”之类的句子。

“队名牌”登台之后，乐队开始奏乐，小儿队踏着舞步向前，一直到殿前石阶叩见天子。参军色上前致颂辞，并发问，小儿队首领向前致颂诗，杂剧艺人都在一旁应和。仪式结束，乐声奏起，小儿队开始群舞合唱，他们且舞且唱，唱到《破子》时结束。随后小儿队首领向前致颂辞，并引杂剧艺人入场，随后小儿队退下。杂剧演出一场分为两段。当时教坊表演杂剧的著名艺人包括鳖膨、刘乔、侯伯朝、孟景初、王颜喜等人，他们深受皇帝宠信，这些人而下，都是教坊使、副使级别的乐官。

当时在内殿演出的杂戏，因为有各国使臣参加宴饮，事关国体，表演不敢过分戏谑，只是由群队模仿市井间各色人物的形态，这种节目民间叫作“拽串”。杂戏演毕，参军色致辞，接着安排小儿队再度上场表演，小儿队群舞《应天长》舞曲后退场。此时送上的下酒菜肴有：群仙炙、天花饼、太平毕罗干饭、缕肉羹、莲花肉饼。这一轮后，天子起身离座，稍事休息，百官则退出殿门，到幕帐中歇息。片刻后，百官按位次朝见天子，重新入座。

第六盏御酒，笙奏起节奏舒缓的慢曲子。给宰臣斟酒时，也演奏这种慢节奏的曲子。给百官斟酒，奏《三台》舞曲，舞者起舞。左右军随后准备表演筑球比赛，此时殿前很快立起球门，球门大约高三丈，由各色丝织物交错连接而成，仅有一尺多宽。左军球队队长是苏述，他头戴长脚幞头，身穿红色锦袄，其余队员都戴卷脚幞头，也都穿红色锦袄，总共有十余人。右军球队队长孟宣和队员十余人都穿青色锦衣。乐队吹奏哨、笛，擂动杖鼓送两队入场。

列队完毕，左军先旋转起球，队内众球手略击球数次，而后将球传给副队长，两名副队长将球再轻轻敲击数下，待球停稳，即将球传给队长，队长运球将球打过球门中部。随后右军拿到球，重新让球旋转，众球手敲击数次，右军副队长也像左军那样传球给队长，队长再拿球打过球门中部，两队在规定时间内击球过球门次数多的一队获胜。对于获胜的队伍，天子会赐给他们银碗、锦缎，众人一起披着天子赏赐的锦缎叩拜山呼谢恩。落败球队的队长要承受鞭打的惩罚，而且还要用色粉涂面，加以戏谑。这一轮的下酒菜肴是：假鼋鱼、蜜浮酥捺花。

第七盏御酒，奏慢曲子。给宰臣斟酒，也奏慢曲子。给百官斟酒，奏《三台》曲，舞队随之起舞，舞毕，参军色上前致辞，引女童队入场。女童全都选自京城城厢青春年少、容颜艳丽过人的少女，共有四百多人。这些女童有的头戴花冠，有的梳着仙人髻，身穿黑色的轻柔艳丽的舞衣；有的戴着卷曲花脚幞头，身穿四边开叉、镶嵌金线、红黄诸色混合、鲜艳亮丽的锦绣之衣，女童们的装束均不同寻常，无一不是当时最时新的服饰，女童穿戴在身上，婀娜多姿，曲尽其妙。

女童队有四名队长，称为杖子头，她们都头戴裹曲脚向后指天幞头，上面插着花，身穿红黄色宽袖衫和义襕，手执银裹杖头的杖子。担任杖子头的女子都是京城的名角，如陈奴哥、俎姐哥、李伴奴、双奴等都曾做过杖子头，此外还有很多，在此不一一列举。每一名杖子头身边有四人簇拥，簇拥者大多作仙童打扮，梳丫髻，身穿仙裳，手执花朵，表演时蹬着舞步行进，向前排成行列。

女童队舞《采莲》曲时，殿前全都装饰排列着莲花，队伍前面也竖立着和第五盏御酒时小儿队在殿前表演时一样的队名牌。参军色致辞，向各队发问，杖子头上前致颂诗，随后女童队开始表演，边舞边唱。乐队奏《采莲》曲毕，又群起舞蹈，此时伴乐的唱中腔，舞毕，女童向前致辞，而后引杂戏入场表演，与第五盏御酒时一样，杂戏队的表演也是一场两段。演毕，参军色致辞，安排女童队再度合唱曲子，合唱完毕后踏着舞步出场。比起第五盏御酒时的小儿队，女童队演出内容增加了许多。这一轮的下酒菜肴有排炊羊、胡饼、炙金肠。

第八盏御酒，一名歌板色唱《踏歌》词。给宰臣斟酒时，奏慢曲子。给百官斟酒时，奏《三台》舞曲，舞队合着第三段曲调“破”舞蹈旋转。这一轮下酒的菜肴：假沙鱼、独下馒头、肚羹。

第九盏御酒，奏慢曲子，给宰臣斟酒时，也奏慢曲子。给百官斟酒时，奏《三台》舞曲，舞队随之起舞，曲子如前一样。左右军表演相扑。这一轮的下酒菜肴：稀饭、簇钉下饭。随后，天子起身离开座位。

御宴上使用的酒盏，都有曲柄，形如菜碗的样子，但带有把手。殿上的宾客用的是纯金的酒盏，廊下的宾客用的是纯银的酒盏。装盛食物的食器则是金、银、镂、漆器制作的碗碟等物。宴饮结束后，天子退朝，群臣百官皆戴着花回归私宅，在前呼呵开道的随从也都戴花，这些花都是由官府出钱采购的。

女童队表演完后从右掖门出宫，此时那些京城的英俊少年们争相用珍贵的器具盛装各色饮食酒果呈献过去，迎接她们归来。女童们各乘骏马，她们有的戴花冠，有的作男子装束，在御街疾速奔驰，竞相呈献华丽的英姿。道旁围观的人水泄不通，像是墙壁一样，堵塞了街道。省试发榜后天子赐宴新科进士，街道上也是这般热闹的景象。

宋代士人

立冬

此月立冬。立冬前五天，西御园进献冬季吃的菜蔬。京城地区气候寒冷，冬季里没有新鲜的应季蔬菜，上自宫廷禁中，下至民间百姓，此时都一齐收藏各种菜蔬，以准备日常食用，度过漫长的冬季。售卖冬季菜蔬时，商家都用车装载、用马驮运，以至于堵塞道路。这时的时令食物有：生姜豆豉、萵子、红丝、末脏、鹅梨、榅桲、蛤蜊、螃蟹。

油饼糖馒头

梦华录·盛筵

东京达官贵人的夜筵绚丽堂皇，各色曲目轮番上演，其中最盛大的当然是本卷中记述的天子的万寿庆典。盛筵上的主角是各类艺人，在天宁节寿宴上领舞的雷中庆身穿官服，这也是所有艺人所期盼达到的高位，艺人的身份使得他们遭受种种辛酸，通过表演，获取财富、声望，成为他们的立身之本，他们的存在，也为东京的繁华添加了浓墨重彩的一笔。

电视剧《梦华录》中的宋引章乐籍出身，善弹琵琶，顾千帆送了她一张《凉州大遍》曲谱，在柯相的夜筵上宋引章弹奏此曲，技惊四座，为相三十载的柯相称赞道“宋娘子弱质盈盈，曲中却有金戈风雷之意，一手琵琶绝技，果真能与前朝雷海清齐名”，并为宋引章的琵琶孤月题字“风骨”。家世显赫，早已对宋引章心动的沈如琢更不能放过对这位声名鹊起的乐人的利用，当晚便要求宋引章与他同乘轻舟，又加以好言哄骗，说要为其脱籍。在电视剧《梦华录》大结局中，赵盼儿向官家提出的愿望是“希望官家广开恩德，让世代的乐人、匠人、官私、奴婢，能够不再受贱籍之苦”，官家难以答允，但提出“今后凡教坊乐工匠工之佼佼者，皆可入内侍省翰林院，授以供奉之职”，随后官家称宋引章为宋侍奉，实现了脱离贱籍、获得官身的蜕变。宋引章正是千年来身负贱籍的各行各业人物艰辛而努力的缩影。

卷拾

元日

王安石

爆竹声中一岁除，春风送暖入屠苏。
千门万户曈曈日，总把新桃换旧符。

門神钟馗桃板桃符
回头鹿馬天行帖子財門鈍驢
兔脯
鵪鶉
餅店
撒佛花韭黄勃荷蘭芽
獅子糖

福
福
福

冬至

十一月冬至日，是京城中人最看重的节日。即使是最贫困的人，也要把这一年之中省吃俭用攒下的些许钱物拿来热闹过节，为此甚至不惜借贷，到这一天大家要换上新衣、置办饮食，祭祀祖先。这一日，官府会开放赌博的禁令，人们往来走动，庆贺新年将至，热闹如同过年一样。

年货

《汉书》记载“冬至阳气起，君道长，故贺”，即冬至后白昼渐长，阳气滋生，宋《醉翁谈录》有云“俗谚有肥冬瘦年之语”。

新年裁新衣

大礼预教车象

遇有举行隆重典礼的年月，皇宫会预先于两个月前开始教阅辂车和大象。参训队伍演习仪仗礼仪，从宣德门行进到南薰门外，每天往返一次。演习队伍中有五辆车，用以象征天子“五辂”的仪规。每辆车上插着两面旗，放置一面鼓，用四匹马牵引。护卫车驾的卫士全都身穿紫衫，头戴帽子。在仪仗队的车前有数人击鞭引导。

五辂，古代帝王所乘的五种车子，即玉辂、金辂、象辂、革辂、木辂。

仪仗队伍中有七头大象，象的前面有军士手持数十面红旗，还有乐手携带着十余面铜锣、鼙鼓。仪仗队伍行进时先由乐手先击锣两下，鼙鼓手快速敲鼓三下作为应和。举旗之人也都身穿紫衫，戴着帽子。裹着交脚幞头、身穿紫衫的驯象师跨坐在大象的背上，他手里拿着短柄的铜镢头，镢头的刃很尖利，如果大象有不驯服的行为，驯象师就用镢头击打。

大象随着队伍走到宣德楼前，绕着楼前空地行走数圈，而后排成队列，接着驯象师指挥它们举起前腿，面向北边皇帝的位置作跪拜礼，大象还能模仿群臣做出唱喏的姿态。大象很受京城人们的喜爱，外戚、宗室、贵族人家，纷纷打通关节，传唤车象队到私人宅第进行表演，然后赠送给他们银两彩帛，车象队到各家宅邸进行表演，一天也不间断。御街上的游人聚集玩乐，观看车象教阅的人很多。在御街上卖扑赌博的店家，会趁机售卖用泥、木、粉制作而成的小象模型，以及以象为主题的绘画，游观者往往顺便购置它们带回家，作为赠送给他人的礼物。

大象唱喏，指大象前腿腾跃，作拱手行礼状。

卖扑，宋代民间流行的赌博活动，多为投掷铜钱猜正反面，为小贩招揽生意常用的活动手法。

李嵩　骷髅幻戏图

车驾宿大庆殿

冬至前三日，天子住宿在大庆殿。宫殿前的庭院非常广阔，可以容纳数万人。即使将法驾仪仗队中所有的车马、武器、旗帜等一齐排列起来，也不能遍及塞满整个殿庭。

大庆殿，宫廷正殿。

殿庭中有两座楼相互对峙，叫作“钟鼓楼”。楼上有太史局属员测量检验刻漏，每当到整数的一时、一刻，就有被称为鸡人（因如公鸡一样按时报晓）的官吏报时辰，高亢嘹亮如同鸡鸣。此时鸣鼓一下，只见一名身穿绿衣的官吏手执牙牌高声奏告。每到某一刻钟，就奏称说“某时几棒鼓”；到整数时辰，则奏称“某时正”。宰相、执政大臣及百官，都穿着不同等级的礼服，他们所戴的冠冕也各有品级。宰相、执政大臣、亲王加戴貂蝉冠，冠上面有九个梁，侍从官的冠冕上有七梁，其余官员的冠冕上从六梁到二梁各有差别。而台谏官员则在冠上增加类似獬豸角状的木块。所谓的“梁”，指的是冠前额梁上排列的镀金铜质叶片。

太史局，管理天文、历法的机构。

刻漏，古代计时工具，容器中储水，水从容器底部小孔处外流，在容器中竖立有刻度的浮标，根据露出水面的浮标确定时间。

貂蝉冠，宋代王公贵族常佩戴的一种冠帽。《宋史·舆服志四》云："貂蝉冠一名笼巾，织藤漆之，形正方，如平巾帻。饰以银，前有银花，上缀玳瑁蝉，左右为三小蝉，衔玉鼻，左插貂尾。三公、亲王侍祠大朝会，则加于进贤冠而服之。"

獬豸，古代执法官多戴以獬豸装饰的冠帽。獬豸为神兽名，相传其能辨明曲直，似鹿，额前有一角，发现奸邪时以此触之。《后汉书·舆服志》："法冠，一曰柱后……或谓之獬豸冠。獬豸神羊，能别曲直，楚王尝获之，故以为冠。"

所有官员皆穿绛红色袍服，镶着黑边，有些官员的袍服的领子处是方心圆领。官员内穿里衣，外穿礼服，身系佩玉，脚穿云状纹的鞋履。根据官品不同，手执不同的朝笏。其余当差之人，全都头裹介帻，身穿绯红色袍服，他们的穿戴也有等级差别。只有閤门、御史台的人，领子处是方心圆领。到殿内当值的人，发给黄色方形通行号牌，其余当值之人，发给黄色长号牌，或者是绯红色方形长号牌，他们持不同的号牌到对应的地方核验、当值。

方心圆领，礼仪官、御史官官服的胸部为方正造型，领部为圆形。

介帻（zé），长耳裹发巾，汉魏时开始流行，其后演变为进贤冠，为臣子上朝参拜皇帝的一种冠帽。

閤门，掌管朝会饮宴供奉赞相礼仪之事的官署。

天子的仪仗车辂，由众多的礼仪器物构成，包括信幡、龙旗、相风乌、指南车、木辂、象辂、革辂、金辂、玉辂等。批阅《三礼图》可以从中了解这些器物的形制，这里不再详尽记述。排列在殿门内外及御街远近之处的禁卫兵士装束齐整，数万铁骑围绕在皇宫周围。此夜，内殿除仪仗、卫队之外，还有头戴镶着织锦边的小帽，身穿锦络缝制的宽衫的兵士，他们分别手执银裹头黑漆杖子，称为“喝探兵士”。这种兵士以十余人为一队，聚集站立在一起，内殿外共有数十队。各队中有一人喝道:“是与不是？”众人答道：“是。”那人又喝道：“是什么人？”众人答道：“殿前都指挥使高俅。”各队更替喝叫，声响不停，高亢嘹亮，有如鸡鸣声。

信幡，上写有官号、职差的旗子。

相风乌，皇室乘坐的一种车，车上竖有长竿，上有乌鸦状的风向仪。

指南车，古代天子出行常以指南车为前导。

《三礼图》，在此指宋代学者聂崇义汇纂多种考释《三礼》（《周礼》《仪礼》《礼记》）内容的《三礼图》而成的《三礼图集注》，有阐释《三礼》原文含义的图画三百八十余幅。

此外在宣德门外还设置警场，在此驻守的军士叫作“武严兵士”。警场有画鼓两百面，配有号角。那些号角上面全部系着彩帛做成的像小旗尾的装饰物。武严兵士都头戴小帽，裹着黄色刺绣抹额，身穿黄色刺绣宽衫，内穿青色窄衬衫。每天日晡时和三更时分，武严兵士各自敲打戒严鼓，提醒皇宫的侍卫严加防范。武严兵士每次击鼓之前先鸣号角，号角鸣罢，一军校手执一根长而柔软的藤条挥舞，藤条上面系着朱红色拂尘，擂鼓者目视拂尘，随着拂尘或高或低地舞动，兵士的击鼓声调也相应地高低变换，响应拂尘的指挥。

警场，行大礼前夕奏乐严鼓，侍卫警夜，止人清场，谓之“警场”。

差役

驾行仪卫

第二天五更，兼任大宗伯的礼官（礼部尚书）手拿着牙牌，上奏道“中庭戒严、警卫宫禁”（意为皇帝外出时宫廷需严格管理，为皇帝出行时的仪式）。铁骑作为天子巡行的前导开路，仪卫队伍从三更时就相继出发。有七头大象跟随在铁骑后面，大象身上披着绣有花纹图案的锦缎，背上安放着金莲花座，脑门上套着金辔，脖子上跨坐着身穿锦衣之人。大象身后是仪仗队，他们身披五色甲胄，骑在马上，队伍最前面的兵士举着高大的旗帜，随后是硕大的扇子，在队伍后端的军士手持彩绘的戟和修长的矛。仪仗队员戴的帽子和甲胄上的装饰各不相同，有头戴小帽、裹着锦绣抹额的，有围着黑漆圆顶幞头的，有戴着皮制仿头盔样式的帽子的，有戴着皮制上过漆、状如戽斗又如貂蝉冠的帽子的，有穿红黄相间、上有鲜明彩绘的锦绣之服的，有穿纯青或纯黑色衣服，鞋、裤也都纯青或纯黑色的，有戴交脚幞头的，有用锦绳像蛇一样缠绕在身上的。

戽斗，农家用以引水灌溉田地的器具，形状略似斗状。用竹、滕等编织而成，两侧套绳，由人工拉着绳子从低处往高处提水。

仪仗队伍中的人神态各异，有几十个人唱着曲子、手执大旗招摇前行，有手执大斧的，有腰挎利剑的，有手拿锐牌的，有手拿镫棒的，有手持悬挂豹尾的长竿的，有手持短杵的。他们所持的矛戟上都连缀着五色结带和铜铃铛，手持的大旗、大扇上都画着龙、虎、云彩、山河等图案。有一面旗帜高五丈，在各面旗帜中最为耀眼，叫作"次黄龙"。天子前往太庙、青城斋宫时，这面次黄龙旗要提前竖立在斋宫前面。在立旗杆时需要一百多人一起才能把大旗竖立到含索旗座中。又有头戴交脚幞头、腰中挂剑、足穿靴子，像城隍庙里四直使者模样的仪仗队员，数以千百计，其具体行状难以用语言描述出来。

镫棒，用于仪仗的棒子，一头包裹着马镫状铜饰。

青城，皇室在斋宫祭祀天地，斋宫的所在地称青城。东京有南北两处青城，祭天斋宫在南薰门外，称南青城；祭地斋宫在封丘门外，称北青城。斋宫，为皇帝祭祀天地时的暂住之地，在此行斋戒。

其余各官署当差之人，全都身穿锦袄。诸班直、亲从官、亲事官都戴帽子、结带、身穿红锦袍，有的身穿绣有紫团花戏狮子的红罗袍，有的身穿短后襟的打甲背子，携带着庆典所用之物。御龙直军士都头戴珍珠结络短顶头巾，身穿紫上混有杂色的小花绣衫，佩戴金束带、看带，脚穿金丝鞋。天武军官员都戴着朱红漆金装斗笠，穿着红色有团花的背子。三衙及负责携带御用器械的官员，都戴着小帽，穿背子或紫色绣花战袍，骑马作为前导。当日千乘万骑，从宣德门出来，径往景灵宫太庙。

驾宿太庙奉神主出室

天子乘坐玉辂前往青城斋宫，他的穿戴就如图画中星官的形貌一样。天子所戴的冠冕全用北珠点缀装饰，名为“通天冠”，又叫作“卷云冠”，天子穿绛红色袍服，手执元圭。天子乘坐的玉辂顶上雕饰有镂金大莲叶，莲叶簇聚在一起，玉辂的四柱栏杆用镂玉工艺雕琢的盘花、龙凤作为装饰。玉辂由四马牵引，在车后紧随着兵士举着画有日月、蛟龙的旗帜。玉辂上设御座，只有亲信侍从二人在旁边服侍天子，另有一侍从官站立一旁，叫作“执绥”，以备天子不时询问。

北珠，又称东珠。即松花江下游及其支流所产的珍珠，颗大光润，极为名贵。

通天冠，高九存，顶部稍斜，以铁为冠梁。是皇帝戴的一种帽子。

元圭，体积较大的礼器，皇帝进行仪式时手持，上圆下方。

玉辂，帝王所乘之车,以玉、象牙为饰。玉辂在唐初建造，并流传至于北宋，北宋宋神宗时曾仿造此器，而不如已经使用了四百余年的这一件唐时文物坚固。《梦溪笔谈》卷十九记载：“大驾玉辂，唐高宗时造，至今进御。自唐至今，凡三至泰山登封，其他巡幸，莫记其数，至今完壮，乘之安若山岳，以措杯水其上而不摇。庆历中，尝别造玉辂，极天下良工为之，乘之动摇不安，竟废不用。元丰中，复造一辂，尤极工巧，未经进御，方陈于大庭，车屋适坏，遂压而碎，只用唐辂。其稳利坚久，历世不能窥其法。世传有神物护之，若行诸辂之后，则隐然有声。”

护卫玉辂的卫士，皆戴着黑漆团顶无脚幞头，身穿色彩鲜艳的黄色宽衫，内穿青色窄衬衫，青色裤子，束着锦绳。玉辂后有随行四人，他们托举着阻拦闲杂人员通行的行马。玉辂前有两名身穿朝服的官员，手执朝笏，面对玉辂，倒退而行。

此夜，天子在太庙住宿。卫士们在四周喝探、警戒，和皇帝住宿大庆殿的防卫规范一致。到三更时分，天子开始准备祭祀太庙的仪式，参加祭祀仪式的陪同人员都是皇族。祭祀专用的宫廷音乐奏起，天子就在太庙大殿上的东南角面朝西而立，天子面朝的方位有一面朱红漆牌位，上面金字写着“皇帝位”。天子行礼完毕后，捧着祖宗牌位走出大殿，官员此时前来奏告“中庭戒严、庙外禁卫”。而后天子到安放历代皇帝牌位的各室逐一行礼。行礼完毕后，天子又回到车驾上，仪仗队再度出发。马队、仪仗、车辂，依次经由南薰门出发前往青城斋宫。

驾诣青城斋宫

天子乘坐玉辂，前往青城斋宫。所谓“青城”，是因为此处早先没有真正的宫殿，只是用青色布幕拉成帐篷供天子暂住，在青色的布幕上画有砖彻、围墙的图案，再用这些彩绘的青布扎结成城阙、宫殿、楼宇的样子。徽宗宣和、政和年间，在此大兴土木建造了真正的宫殿。

铁骑围护在青城斋宫之外，诸军中有裹紫色头巾、穿绯红色衣服的卫队千余人，分布在郊野上把守警卫。每队有军乐十人（十人为一火）。天子出行时设有临时组建的行宫巡检部，行宫巡检部长官统帅铁甲马队往来巡逻，到了晚上，戒严警卫，喝止行人靠近、对可疑人等加以盘诘，就如前几天皇帝夜宿大庆殿、夜宿太庙的规制一样。

砖彻之纹，在青布上作画，使青布表面呈砖瓦砌成的城墙效果。

驾诣郊坛行礼

三更时，天子前往郊坛行祭祀大礼。天子的车驾从青城出发，先向南行，后折向西行约一里路，就到了郊坛。

祭坛，在南郊所建的用于祭祀的土坛，共四层七十二级阶梯。

祭坛有三重壝墙。从外壝墙的东门进入，就到了第二重外壝里，此处面朝南设置一个大幕帐，叫作“大次”。天子在大次中更换祭服：天子祭服的形制是头戴有二十四个玉串的平天冠，身穿青色衮龙朝服，内衬用白罗制成的中单，脚穿红色的木低舄，腰悬纯玉佩。天子由两名近臣扶持，行至祭坛前，坛下又有一个幕殿，叫作“小次”，其中设有天子御座。祭坛高三层，有七十二级台阶，坛顶平台方圆约三丈，祭坛有四条台阶：正南面的叫午阶，东面的叫卯阶，西面的叫酉阶，北面的叫子阶。

壝（wéi）墙，祭坛四周的矮土墙，共三道。

平天冠，天子至卿大夫所戴冠冕，用于最盛大的祭祀场合。前圆后方，《通俗常言疏证》记载：“祭服之冕，自天子至于下士执事者，皆服之，特以梁数及旒之多少为别，俗呼为平天冠。”

舄（xì），鞋子。

中单，朝服、祭服中的里衣。

幕殿，举行郊祭时在城外搭建的临时屋舍，以帷幕包围而成，状如宫殿。

祭坛上设有两张黄色褥垫，供天子跪拜。褥垫前分别放着供天子祭拜的神位。位置在北面朝南的神位上写着“昊天上帝”，面朝东南的神位上写着“太祖皇帝”。坛上只列有两张矮案儿，上设各种供品。坛上还有登歌道士十余人在旁侍立，道士旁边排列着两架钟磬，其余为歌色及琴、瑟之类的乐器。此外只有三五个当值之人。

昊天上帝，远古传说中的上帝神，主宰自然万象和人世。

太祖皇帝，太祖用以指历代王朝的开国皇帝，在此指宋太祖。

登歌，祭典、朝会时乐师登堂歌咏，所奏曲为“登歌”。

祭坛前侍立着宫廷乐队，宫廷乐队前面排列着编钟、玉磬，悬挂编钟、玉磬的架子如同一般乐队悬挂方响的架子，但增加了架子的高度和长度。编钟的形制稍扁，分上下两层挂在架子上，架子的两角用流苏缀结。玉磬的形状如同曲尺，绳索系在弯曲的尖角处，也用架子分上下两层悬挂。在编钟、玉磬背后，排列着数架大鼓，或三面或五面一组，用木棒串联相结，安放在架座上。

此外祭坛前还列有其他各类乐器，有一种大钟叫景钟，还有一种鼓叫节鼓。有一种似琴的乐器但比琴长，有一种如筝的器具却比筝大。有一种乐器，由截断的竹子做成，状如箫管、两头存节，演奏时需横吹。有一种乐器，用土烧成圆球状而上面开孔。有一种乐器像笙，但比笙大。有一种乐器，似箫却增加了更多管。乐队中有一位歌唱的人，其歌声清越嘹亮，非郑卫的靡靡之音可以比拟。

宫廷乐队前竖着两根长竿，乐工都头裹介帻（一种如同笼巾的帽子），身穿绯红宽衫，束着丝织腰带。有两名舞者，戴紫色冠，冠上有一横板，上穿黑服，下穿朱红色的衣裙，脚穿鞋履。

音乐奏起，仪式开始，最初是文舞，文舞者都手执一个紫色长囊，内盛一支结着丝带的笛管。而后是武舞，武舞者一手执短矟，一手执小牌，比跳文舞的多好几人。他们击打铜铙、响环，然后又击打形如灶突一样的乐器。又有两人同携一铜瓮就地敲击。舞蹈者的动作忽如刀剑劈刺般迅猛，忽如乘云欲仙般飘逸，忽如断肠别离般缠绵，舞姿变幻万千。

文舞，属雅乐舞蹈，动作轻柔。

武舞，雅乐舞蹈的一种，舞蹈时手执斧、盾。

矟，形长的矛，《释名·释兵》云：“矛长丈八尺曰矟，马上所持，言其矟，矟便杀也。”

铙，青铜打击乐器，用于军中传播号令。

灶突，灶上的烟囱。

乐师奏乐时，先击柷。柷用木制作而成，形如方壶，上画山水图案，每当奏乐时，乐师击柷内外共九下。乐曲将止时则击敔。敔的形状如伏着的老虎，背上如锯齿一样，一曲将终时乐师用破开的竹片刷蹭敔背上的锯齿发出声响。曲终，此时礼值官奏请天子登坛，前导官均躬身在前侧行，引导天子到祭坛而止，此时其余前导官退下，只有大礼使随天子登坛。

柷（zhù），木制打击乐器，如方匣状。奏乐起始阶段演奏。

敔（yǔ），木制，形如伏虎，以竹条刮奏，奏乐终时击打。

登坛后，天子先向正北“昊天皇帝”灵位跪拜，而后献酒，殿中监在天子将要献酒时，向东跪拜，进献装着酒的爵盏给天子；天子再拜，起身；而后天子向东，又趋向正东向“太祖皇帝”灵位跪拜、行献酒礼。天子登坛时，祭坛下宫廷乐队演奏的宫廷音乐停止，祭坛上

雪山行骑图

乐队开始奏乐。天子下坛，则祭坛下的宫廷乐重又奏起。此时开始表演武舞，天子重又回到小次。至此初献完成，亚献、终献上坛也如前面初献的礼仪。

当时，燕王、越王担任亚献、终献的负责人。第二次登坛，奏乐如前，跪拜献酒完毕，中书舍人宣读祭祀册书，宣读祭祀册书时左右两人举着册书，中书舍人跪在祭坛上宣读。下坛再回到小次，亚献、终献如前面的礼仪。

燕王、越王，宋徽宗的两个弟弟，后皆为金国所虏北上。

亚献、终献，祭祀先祖采用三献礼，供奉先祖时三次献酒，分别为初献爵、亚献爵、终献爵。

待再次登坛进献玉爵盏后，天子进行饮福仪式。亚献、终献礼毕，而后天子下坛，到小次前站立。坛上的供品、币帛、玉册从西阶送下。在祭坛南面壝墙外，离祭坛百余步之处，有一个燎炉，高一丈多，祭坛上的各样物品在祭祀仪式完成后送上炉台，一人清点叫唱祭品名目，其他人则负责将祭品送入炉内焚烧。

饮福，祭祀典礼完毕后，享用供神的酒肉，以受神的福佑。

币帛，祭祀、进贡时所用的各类礼品的总称。

玉册，天子祭祀天地、加封尊号时所用的册书，用玉简制成。

燎炉，焚烧祭祀用品送达上天所用的火炉。

清点叫唱，祭祀天地结束时焚烧祭品，礼官在燎炉边高声清点焚烧的祭品名称。

祭坛三层平台与四条台阶交汇之处，分别放置着十二小龛，用以祭十二宫神。内壝墙外祭祀有百星。祭祀时祭祀主管官员与陪同祭祀官员皆面向北依品秩站立。宫廷乐止，此时鼓吹乐尚未奏起，坛内外数十万人恭敬肃立，万籁俱静，只听到清风中环佩撞击的铿锵之声。一赞礼者喝唱道："赞一拜！"在场者皆拜，祭祀礼毕。

十二宫神，指天秤宫尊神、天蝎宫尊神、人马宫尊神、磨蝎宫尊神、双鱼宫尊神、宝瓶宫尊神、白羊宫尊神、金牛宫尊神、阴阳宫尊神、巨蟹宫尊神、狮子宫尊神、双女宫尊神十二位星君。

鼓吹乐，吹奏、打击乐器合奏而组成的音乐形式，并伴有歌词歌唱。

赞一拜，司仪在旁高声歌唱引导行礼的祭拜仪式。

郊毕驾回

祭祀典礼结束后，天子从小次身穿祭服回大次，近侍持星火闪烁的大烛二百余支，列成仪卫队形护送皇帝返回大次。天子至大次后更换穿戴好衮服冠冕，然后登上大安辇。辇车形如玉辂而更大，没有轮子，辇的四周垂挂大带，辇官的服色如同警戒道路军士的服装。天子刚登上辇，教坊人员已经在外壝墙外东西向排列完毕，即刻奏乐。钧容直先奏乐，一名披甲的武士舞一段《曲破》，舞蹈完毕，教坊人员进献颂诗，随后乐声再次奏起。诸军队伍中的乐队也随之一齐奏乐，声音震动天地。

天子仪驾回到青城时，天尚未亮，百官身穿常服入内祝贺天子郊祀礼毕。天子赐百官茶酒毕，然后天子的法驾、仪仗在铁骑、乐队簇拥下，由南薰门入城。御驾经过的数十里御路两旁人山人海，百官迎候天子、供天子休息的幕帐，富贵之家搭起的看棚，均艳丽漂亮，鳞次栉比排列在一起，御道两旁没有一点儿空闲之处。

下赦

天子祭祀完毕回宫途中，会在宣德楼暂驻。天子登上宣德楼，楼前竖立大旗数面，其中一面最大的，竖起后与宣德楼一样高，叫作“盖天旗”。盖天旗竖立在御路中央，任凭风吹而旗杆不动。其次一面略小的，紧随天子车驾，立在天子身后，叫作“次黄龙”。青城、太庙也会随着皇帝的到来逐一竖立旗帜，当时民间也将它们叫作“盖天旗”。

陈居中　进马图

宣德楼下也安放了乐架。皇帝登上宣德楼时乐声奏起，不一会儿，响起击柝之声，旋即立起了鸡竿。鸡竿高约十几丈，竿顶上有一大木盘，上面有一只金鸡。金鸡口衔红幡，幡上书写着“皇帝万岁”四字。木盘底下垂挂有四条彩色丝绳，有四个头裹红巾之人沿着绳索争先而上，捷足先登得到金鸡红幡者，到楼前山呼万岁，受赏谢恩而去。

柝，巡夜人敲击报更的木梆子。

金鸡，古代朝廷举行宣诏、赦免仪式时，在竿头上立黄金装饰的金鸡，象征吉时，唐代封演《封氏闻见记》卷四“金鸡”载：“按金鸡，魏晋以前无闻焉。或云始自后魏；亦云起自吕光。……(北齐)武成帝即位，大赦天下，其日设金鸡。宋孝王不识其义，问于光禄大夫司马膺之曰：‘赦建金鸡，其义何也？’答曰：‘按《海中星占》，天鸡星动，必当有赦。由是王以鸡为候。’”

宣德楼上用红色丝绵绳索连接着门楼下的一座彩楼，有一只手工制作的金凤衔着皇帝的赦书沿着绳索徐徐而下，从宣德楼降落到彩楼上。彩楼上的通事舍人得到赦书后宣读。开封府、大理寺将犯人带来，排列在宣德楼前，犯人都穿着红、黄色布衫，押解犯人的狱吏头上插花，衣着整洁鲜丽。官差听到发出赦令的鼓声，就打开刑具将犯人释放，遇赦犯人在楼下山呼万岁，谢恩而去。此时，宣德楼下钧容直奏乐，演出杂剧歌舞，御龙直表演装神弄鬼的杂剧，用真刀、棹刀表演砍杀。天子在宣德楼上赏赐百官茶酒，此时诸班直安置好马队，六军各归营寨，至天色将暮时，大赦礼毕。

毛松　猿图

驾还择日诣诸宫行谢

宣赦礼结束后，天子返回宫内，选择吉日前往景灵东宫、景灵西宫，行恭谢之礼，持续三天。第三天礼毕，即游幸佛寺道观，或前往大臣的宅第。此月，京城中卖糍糕、鹌鹑、野兔等野味的商贩越来越多。

当街爊肉

十二月

到了十二月，京城街市到处都在卖撒佛花、韭黄、生菜、兰芽、薄荷、胡桃、泽州饧。初八日，街巷中会有僧尼三五人一伙，结队念佛，他们手捧用银、铜制成的沙锣或上好的盆器，里面安放着一尊金、铜制或木制的佛像，佛像浸在香水中，僧尼用杨柳枝蘸着香水为佛像洒浴，挨家挨户化缘。

京城各大寺这一天都举行浴佛会，并送七宝粥、五味粥给门徒食用，这种粥也叫作“腊八粥”。京城之人此日各家各户也都用各种果实、杂料煮粥而食。腊月初八这天，寺院送面、油给门徒，但不收捐款，也不化缘元宵节的灯油钱（也可翻译为：腊月初八这天，寺院送面、油给门徒，同时写出文告向信众宣讲教化，募捐元宵节的灯油钱）。闾巷之间，家家户户互相赠送腊八粥等节日饮食。此月，宝箓宫前的景龙门一带提前点起元宵节的灯火，供人观赏，景龙门一带灯火繁盛，此谓预赏元夕。

预赏元夕，对元宵节赏月庆典进行预演，往往在过年前就进行。

二十四日交年节，这一天夜晚京城中人请来僧人、道士到家中诵经，且备下酒菜果子送灶神，各家各户将灶神像贴在灶台上，焚烧纸钱祭拜，为全家人增福赎罪。人们还用酒糟涂抹灶门，叫作“醉司命”，希望灶神醉酒，不要向上天禀报自己家做过的错事。夜晚，人们在床底下点灯，以驱除秽邪鬼怪，叫作“照虚耗”。

交年，旧年与新年交替之际，宋时十二月二十四日为交年，后世称此日为小年。陈元靓《岁时广记》记载：“每岁十二月二十四日，新旧更易，皆焚纸币，诵道佛经咒，以送故迎新，而为禳祈云。”

灶神画像也称灶马，贴在灶门上供祭祀之用，传说灶神年终会上天报告户主的善恶之事，故祭祀灶神求其多多美言，为自己增福，相传灶神为炎帝死后所化。

这个月虽然没有节日，然而富豪权贵之家，遇下雪天即大开宴席，他们堆雪狮、装雪灯，举行宴飨以会亲朋故旧。临近年节，街市处处售

新春夜雪

卖印制的门神像、钟馗像，驱邪的桃板、桃符，以及财门钝驴、回头鹿马、天行帖子等张贴画。此月应季售卖的食物包括茄干、葫芦干、马牙菜、胶牙饧等类，以备除夕夜之用。自从到了腊月，便有贫穷之人三五一伙，装扮成妇人、鬼神模样，敲锣击鼓，沿门乞讨钱物，这个风俗被称为“打夜胡”，也是驱逐鬼祟仪式的一种。

桃板、桃符，过年时驱邪的画幅。传说东海的岛屿上有大桃树，桃树下住有神荼、郁垒二神，专食百鬼，民间习俗在农历初一将二神绘于桃木板上，在门首悬挂，其画像称桃符，木板称桃板，随后桃符演变为春联。

财门钝驴、回头鹿马，宋时流行的印刷品，贴在门上用以招财、祈福。

天行帖子，天行意为当时上天降下的流行的时疫，天行帖子为祛疫祈福的道家符箓。

打夜胡，又称“打夜狐”“打野狐”，在年底举行的驱鬼仪式。杨彦龄《杨公笔录》：“唐敬宗善击球，夜艾，自捕狐狸为乐，谓之打夜狐。故俗因谓岁暮驱傩为打夜狐。”赵彦卫《云麓漫钞》：“世俗，岁将除，乡人相率为傩，俚语谓之打野胡。”

除夕

到了除夕这一天，宫中举行大傩仪式。参与仪式表演的都是皇城官、亲事官和诸班直的人，他们戴着假面具，身穿或绣或画的彩色衣服，手执金枪龙旗。教坊使孟景初身材魁梧高大，穿戴全副镀金铜制的盔甲，装扮成将军。又选两名镇殿将军，也穿戴盔甲，装扮成门神。教坊中人南河炭相貌丑陋，高大肥壮，装扮成判官。又有人装扮钟馗、钟馗小妹、土地、灶神之类的模样，参与仪式的共计千余人。仪式中众人在宫中驱逐鬼祟，他们先将鬼祟驱逐出南薰门，鬼祟出城门之后又一路追赶到南薰门外面的转龙弯，这一驱逐鬼出城的仪式叫作“埋祟”，到此驱傩仪式方才结束。此夜，宫中的爆竹声、欢呼声响彻天空，宫外也能听到。城中百姓人家，在炉边团团围坐嬉笑玩乐，通宵达旦不睡觉，这就叫作“守岁”。

大傩仪式，古代驱除孤魂野鬼、疫疠的仪式，先秦时已广为盛行。《吕氏春秋·季冬纪·注》记载道：“大傩，逐尽阴气为阳导也。今人腊岁前一日，击鼓驱疫，谓之逐除，是也。”仪式上参演者会戴上面具，陈元靓《岁时广记》记载：“除日，作面具，或作鬼神，或作儿女形，或旋于门楣。驱傩者以蔽其面，或小儿以为戏。”

凡是重大典礼和宫中节日的礼仪程序，我只是曾经见过演练场面，却不知其实际的程序和最终的表演究竟是怎样一回事。书中所记不免有脱漏疏略之处，如果有人能指出我的错漏并加以改正，那么真是荣幸之至。

戏猫图

梦华录·烟花

岁末年初的新春时节，是东京城最为绚丽的时光，烟花爆竹之声在四周传响。随着火药技术的成熟，在宋代烟花得到了极为普遍的使用。《东京梦华录》记载的戏剧演出中，常常会施放烟火以营造神秘动感的氛围。夜晚璀璨夺目的烟花，更是使得东京的夜市更为迷人，故此有“东风夜放花千树，更吹落，星如雨”这般如梦似幻的绮丽景致。在节庆时节，皇宫和都城的各个角落都燃起烟花，人们沉醉于此时此刻，都市的繁华与内心的宁静不可思议地结合在一起。

宋代的烟花施放由专业人员负责，花样百出，盛大的烟花施放如“成架烟火”，是一种组合型的烟花，由多枚不同类型的烟花组成，点燃后营造出极为浓郁的烟火氛围，被誉为“集百巧于一架”。周密《武林旧事》写道元宵节时的成架烟花：“宫漏既深，始宣放烟火百余架，于是乐声四起，烛影纵横，而驾始还矣。大率效宣和盛际，愈加精妙。”烟花呈现的样式包括水平放置的“走线”；一飞冲天的“流星”；水中迸射而出的“水爆”等。最具可玩性的烟花是“药发傀儡”，纸质的人物在火药爆炸作用下冲上天际，在天空盘旋，施展身姿，流光溢彩，给观众带来莫大的欢乐。

在电视剧《梦华录》中，屡屡出现烟花，赵盼儿初到东京，就见到了夜色下璀璨的烟火，激发出了她在东京这一东亚最大城市实现人生价值的意志。在七夕之夜，一直对赵盼儿有意的池衙内和她共赏烟花，并对其表白，虽然短暂即逝，赵盼儿被心有所属的顾千帆拉走，但是此时此刻烟花下两人静谧的内心和闪光的眼眸，已经是此生所能企及的高光时刻。

原文

卷五

民俗

凡百所卖饮食之人，装鲜净盘合器皿，车檐动使，奇巧可爱，食味和羹，不敢草略。其卖药卖卦，皆具冠带。至于乞丐者，亦有规格。稍似懈怠，众所不容。其士农工商，诸行百户，衣装各有本色，不敢越外。谓如香铺裹香人，即顶帽披背；质库掌事，即着皂衫角带、不顶帽之类，街市行人便认得是何色目。加之人情高谊，若见外方之人，为都人凌欺，众必救护之。或见军铺收领到斗争公事，横身劝救，有陪酒食檐官方救之者，亦无惮也。或有从外新来邻左居住，则相借措动使，献遗汤茶，指引买卖之类。更有提茶瓶之人，每日邻里互相支茶，相问动静。凡百吉凶之家，人皆盈门。其正酒店户，见脚店三两次打酒，便敢借与三五百两银器。以至贫下人家，就店呼酒，亦用银器供送。有连夜饮者，次日取之。诸妓馆只就店呼酒而已，银器供送，亦复如是。其阔略大量，天下无之也。以其人烟浩穰，添十数万众不加多，减之不觉少。所谓花阵酒池，香山药海。别有幽坊小巷，燕馆歌楼，举之万数，不欲繁碎。

京瓦伎艺

崇、观以来，在京瓦肆伎艺，张廷叟《孟子书》主张。小唱，李师师、徐婆惜、封宜奴、孙三四等，诚其角者。嘌唱弟子，张七七、王京奴、左小四、安娘、毛团等。教坊减罢并温习，张翠盖、张成、弟子薛子大、薛子小、俏枝儿、杨总惜、周寿奴、称心等。般杂剧，杖头傀儡任小三。每日五更头回小杂剧，差晚看不及矣。悬丝傀儡张金线，李外宁药发傀儡。张臻妙、温奴哥、真个强、没勃脐、小掉刀，筋骨、上索、杂手伎。浑身眼、李宗正、张哥，球杖、踢弄。孙宽、孙十五、曾无党、高恕、李孝详，讲史。李慥、杨中立、张十一、徐明、赵世亨、贾九，小说。王颜喜、盖中宝、刘名广，散乐。张真奴，舞旋。杨望京，小儿相扑。杂剧、棹刀、蛮牌，董十五、赵七、曹保义、朱婆儿、没困驼、风僧奇、俎六姐影戏。丁仪、瘦吉等弄乔影戏。刘百禽弄虫蚁，孔三传耍秀才诸宫调，毛详、霍伯丑商谜，吴八儿合生，张山人说诨话。刘乔、河北子、帛遂、胡牛儿、达眼五、重明乔、骆驼儿、李敦等杂班。外入孙三神鬼，霍四究说三分，尹常卖五代史，文八娘叫果子，其余不可胜数。不以风雨寒暑，诸棚看人，日日如是。教坊、钧容直，每遇旬休按乐，亦许人观看。每遇内宴前一月，教坊内勾集弟子小儿，习队舞作乐，杂剧节次。

娶妇

凡娶媳妇，先起草帖子，两家允许，然后起细帖子，序三代名讳，议亲人有服亲、田产、官职之类。次檐许口酒，以络盛酒瓶，装以大花八朵、罗绢生色或银胜八枚，又以花红缴檐上，谓之“缴檐红”，与女家。女家以淡水二瓶，活鱼三五个，箸一双，悉送在元酒瓶内，谓之“回鱼箸”。或下小定、大定，或相媳妇与不相。若相媳妇，即男家亲人或婆往女家看中，即以钗子插冠中，谓之“插钗子”，或不入意，即留一两端彩段与之压惊，则此亲不谐矣。其媒人有数等，上等戴盖头，着紫背子，说官亲宫院恩泽；中等戴冠子、黄包髻，背子，或只系裙，手把青凉伞儿，皆两人同行。下定了，即旦望媒人传语。遇节序，即以节物、头面、羊酒之类追女家，随家丰俭。女家多回巧作之类。次下财礼，次报成结日子。次过大礼。先一日，或是日早，下催妆冠帔花粉，女家回公裳、花幞头之类。前一日，女家先来挂帐，铺设房卧，谓之“铺房”。

女家亲人有茶酒利市之类。至迎娶日，儿家以车子，或花檐子发迎客，引至女家门，女家管待迎客，与之彩段，作乐催妆上车，檐从人未肯起，炒咬利市，谓之“起檐子”，与了然后行。迎客先回至儿家门，从人及儿家人乞觅利市钱物花红等，谓之“栏门”。新妇下车子，有阴阳人执斗，内盛谷豆钱果草节等，呪祝望门而撒，小儿辈争拾之，谓之“撒谷豆”，俗云厌青羊等杀神也。新人下车檐，踏青布条或毡席，不得踏地，一人捧镜倒行，引新人跨鞍蓦草及秤上过。入门于一室内，当中悬帐，谓之“坐虚帐”，或只径入房中，坐于床上，亦谓之“坐富贵”。其送女客，急三盏而退，谓之“走送”。众客就筵三杯之后，婿具公裳，花胜簇面，于中堂升一榻，上置椅子，谓之“高坐”。

先媒氏请，次姨氏或妗氏请，各斟一杯饮之；次丈母请，方下坐。新人门额，用彩一段，碎裂其下，横抹挂之，婿入房，即众争扯小片而去，谓之“利市缴门红”。婿于床前请新妇出，二家各出彩段，绾一同心，谓之“牵巾”。男挂于笏，女搭于手，男倒行出，面皆相向。至家庙前参拜毕，女复倒行，扶入房讲拜，男女各争先后。对拜毕就床，女向左，男向右坐，妇女以金钱、彩果散掷，谓之“撒帐”。男左女右，留少头发，二家出匹段、钗子、木梳、头须之类，谓之“合髻”。然后用两盏以彩结连之，互饮一盏，谓之“交杯酒”。饮讫，掷盏并花冠子于床下，盏一仰一合，俗云大吉，则众喜贺，然后掩帐讫。宫院中即亲随人抱女婿去，已下人家即行出房，参谢诸亲，复就坐饮酒。

散后，次日五更，用一桌盛镜台镜子于其上，望上展拜，谓之“新妇拜堂”。次拜尊长亲戚，各有彩段、巧作、鞋枕等为献，谓之“赏贺”。尊长则复换一匹回之，谓之“答贺”。婿往参妇家，谓之“拜门”。有力能趣办，次日即往，谓之“复面拜门”；不然三日、七日皆可，赏贺亦如女家之礼。酒散，女家具鼓，吹从物迎婿还家。三日，女家送彩段、油蜜蒸饼，谓之“蜜和油蒸饼”。其女家来作会，谓之“暖女”。七日则取女归，盛送彩段头面与之，谓之“洗头”。一月则大会相庆，谓之“满月”。自此以后，礼数简矣。

育子

凡孕妇入月，于初一日，父母家以银盆或䥶或彩画盆，盛粟秆一束，上以锦绣或生色帕复盖之，上插花朵及通草帖罗五男二女花样，用盘合装送馒头，谓之“分痛”。并作眠羊、卧鹿、羊生、果实，取其眠卧之义。并牙儿衣物绷籍等，谓之“催生”。就蓐分娩讫，人争送粟米炭醋之类。三日落脐、灸囟，七日谓之“一腊”。至满月则生色及绷绣钱，贵富家金银犀玉为之，并果子，大展“洗儿会”。亲宾盛集，煎香汤于盆中，下果子、彩钱、葱、蒜等，用数丈彩绕之，名曰“围盆”；以钗子搅水，谓之“搅盆”。观者各撒钱于水中，谓之“添盆”。盆中枣子直立者，妇人争取食之，以为生男之征。浴儿毕，落胎发，遍谢坐客。抱牙儿入他人房，谓之“移窠”。生子百日置会，谓之“百晬”。至来岁生日，谓之“周晬”，罗列盘盏于地，盛果木、饮食、官诰、笔砚、算秤等，经卷、针线，应用之物，观其所先拈者，以为征兆，谓之“试晬”。此小儿之盛礼也。

卷六

正月

正月一日年节，开封府放关扑三日。士庶自早互相庆贺，坊巷以食物、动使、果实、柴炭之类，歌叫关扑。如马行、潘楼街、州东宋门外、州西梁门外踊路、州北封丘门外，及州南一带，皆结彩棚，铺陈冠梳、珠翠、头面、衣着、花朵、领抹、靴鞋、玩好之类，间列舞场歌馆，车马交驰。向晚，贵家妇女，纵赏关赌，入场观看，入市店饮宴，惯习成风，不相笑讶。至寒食、冬至三日亦如此。小民虽贫者，亦须新洁衣服，把酒相酬尔。

元旦朝会

正旦大朝会，车驾坐大庆殿，有介胄长大人四人立于殿角，谓之“镇殿将军”。诸国使人入贺，殿庭列法驾仪仗，百官皆冠冕朝服，诸路举人解首亦士服立班，其服二梁冠，白袍青缘。诸州进奏吏，各执方物入献。

诸国使人，大辽大使顶金冠，后檐尖长如大莲叶，服紫窄袍，金蹀躞。副使展裹金带如汉服。大使拜则立左足，跪右足，以两手着右肩为一拜。副使拜如汉仪。夏国使、副皆金冠短小样制，服绯窄袍，金蹀躞，吊敦，皆叉手展拜。高丽与南番交州使人并如汉仪。回纥，皆长髯高鼻，以匹帛缠头，散披其服。于阗，皆小金花毡笠，金丝战袍，束带，并妻男同来，乘骆驼，毡兜铜铎入贡。三佛齐，皆瘦脊缠头，绯衣上织成佛面。又有南蛮五姓番，皆椎髻乌毡，并如僧人礼拜，入见旋赐汉装锦袄之类。更有真腊、大理、大石等国，有时来朝贡。

其大辽使人在都亭驿，夏国在都亭西驿，高丽在梁门外安州巷同文馆，回纥、于阗在礼宾院，诸番国在瞻云馆或怀远驿。唯大辽、高丽，就馆赐宴。大辽使人朝见讫，翌日诣大相国寺烧香。次日诣南御苑射弓，朝廷旋选能射武臣伴射，就彼赐宴，三节人皆与焉。先列招箭班十余于垛子前，使人多用弩子射，一裹无脚小幞头子、锦袄子辽人，踏开弩子，舞旋搭箭，过与使人，彼窥得端正，止令使人发牙。例本朝伴射用弓箭，中的则赐闹装、银鞍马、衣着、金银器物有差。伴射得捷，京师市井儿遮路争献口号，观者如堵。翌日，人使朝辞。朝退，内前灯山已上彩，其速如神。

立春

立春前一日，开封府进春牛，入禁中鞭春。开封、祥符两县，置春牛于府前。至日绝早，府僚打春，如方州仪。府前左右，百姓卖小春牛，往往花装栏坐，上列百戏人物，春幡雪柳，各相献遗。春日，宰执、亲王、百官，皆赐金银幡胜。入贺讫，戴归私第。

元宵

正月十五日元宵，大内前自岁前冬至后，开封府绞缚山棚，立木正对宣德楼，游人已集御街。两廊下奇术异能，歌舞百戏，鳞鳞相切，乐声嘈杂十余里。击丸、蹴踘、踏索、上竿，赵野人倒吃冷淘，张九哥吞铁剑，李外宁药法傀儡，小健儿吐五色水，旋烧泥丸子，大特落灰药，榾柮儿杂剧，温大头、小曹嵇琴，党千箫管，孙四烧炼药方，王十二作剧术，邹遇、田地广杂扮，苏十、孟宣筑球，尹常卖五代史，刘百禽虫蚁，杨文秀鼓笛。更有猴呈百戏、鱼跳刀门、使唤蜂蝶、追呼蝼蚁。其余卖药、卖卦、沙书地谜，奇巧百端，日新耳目。

至正月七日，人使朝辞出门，灯山上彩，金碧相射，锦绣交辉。面北悉以彩结山沓，上皆画神仙故事。或坊市卖药卖卦之人，横列三门。各有彩结、金书大牌，中曰“都门道”，左右曰“左右禁卫之门”，上有大牌曰“宣和与民同乐”。彩山左右以彩结文殊、普贤，跨狮子、白象，各于手指出水五道，其手摇动。用辘轳绞水上灯山尖高处，用木柜贮之，逐时放下，如瀑布状。又于左右门上，各以草把缚成戏龙之状，用青幕遮笼，草上密置灯烛数万盏，望之蜿蜒如双龙飞走。自灯山至宣德门楼横大街，约百余丈，用棘刺围绕，谓之“棘盆”。内设两长竿，高数十丈，以缯彩结束，纸糊百戏人物，悬于竿上，风动宛若飞仙。内设乐棚，差衙前乐人作乐杂戏，并左右军百戏在其中，驾坐一时呈拽。宣德楼上皆垂黄缘帘，中一位乃御座。用黄罗设一彩棚，御龙直执黄盖、掌扇，列于帘外。两朵楼各挂灯球一枚，约方圆丈余，内燃椽烛。帘内亦作乐，宫嫔嬉笑之声，下闻于外。楼下用枋木垒成露台一所，彩结栏槛，两边皆禁卫排立，锦袍幞头簪赐花，执骨朵子，面此乐棚。教坊、钧容直、露台弟子，更互杂剧。近门亦有内等子班直排立。万姓皆在露台下观看，乐人时引万姓山呼。

十四日车驾幸五岳观

正月十四日，车驾幸五岳观迎祥池，有对御（谓赐群臣宴也），至晚还内。围子、亲从官，皆顶毬头大帽，簪花，红锦团答戏狮子衫，金镀天王腰带，数重骨朵。天武官皆顶双卷脚幞头，紫上大搭天鹅结带宽衫。殿前班顶两脚屈曲向后花装幞头，着绯、青、紫三色捻金线结带望仙花袍，跨弓剑乘马，一扎鞍辔，缨绋前导。御龙直一脚指天、一脚圈曲幞头，着红方胜锦袄子，看带、束带，执御从物，如金交椅、唾盂、水罐、果垒、掌扇、缨绋之类。御椅子皆黄罗珠蹙背座，则亲从官执之。诸班直皆幞头、锦袄、束带。

每常驾出，有红纱帖金烛笼二百对，元宵加以琉璃玉柱掌扇灯。快行家各执红纱珠络灯笼。驾将至，则围子数重外，有一人捧月样兀子，锦覆于马上。天武官十余人，簇拥扶策，喝曰："看驾头！"次有吏部小使臣百余，皆公裳，执珠络毬杖，乘马听唤。近侍余官皆服紫、绯、绿公服，三衙太尉、知閤、御带罗列前导。两边皆内等子，选诸军膂力者，着锦袄顶帽，握拳顾望，有高声者，捶之流血。教坊、钧容直乐部前引，驾后诸班直马队作乐。驾后围子外，左则宰执、侍从，右则亲王、宗室、南班官。驾近则列横门，十余人击鞭，驾后有曲柄小红绣伞，亦殿侍执之于马上。驾入灯山，御辇院人员辇前喝"随竿媚来"，御辇团转一遭，倒行观灯山，谓之"鹁鸽旋"，又谓之"踏五花儿"，则辇官有喝赐矣。驾登宣德楼，游人奔赴露台下。

十五日驾诣上清宫

十五日，驾诣上清宫。亦有对御，至晚回内。

十六日

十六日，车驾不出。自进早膳讫，登门，乐作卷帘，御座临轩宣万姓。先到门下者，犹得瞻见天表，小帽红袍独桌子，左右近侍，帘外伞扇执事之人。须臾下帘，则乐作，纵万姓游赏。两朵楼相对：左楼相对郓王，以次彩棚幕次；右楼相对蔡太师，以次执政、戚里幕次。时复自楼上有金凤飞下诸幕次，宣赐不辍。诸幕次中家妓，竞奏新声，与山棚露台上下，乐声鼎沸。

西朵楼下，开封尹弹压，幕次罗列，罪人满前，时复决遣，以警愚民。楼上时传口敕，特令放罪。于是华灯宝炬，月色花光，霏雾融融，动烛远近。至三鼓，楼上以小红纱灯球，缘索而至半空，都人皆知车驾还内矣。须臾闻楼外击鞭之声，则山楼上下灯烛数十万盏，一时灭矣。于是贵家车马，自内前鳞切，悉南去游相国寺。

寺之大殿前设乐棚，诸军作乐，两廊有诗牌灯云：“天碧银河欲下来，月华如水照楼台”，并“火树银花合，星桥铁锁开”之诗，其灯以木牌为之，雕镂成字，以纱绢幂之，于内密燃其灯，相次排定，亦可爱赏。资圣阁前安顿佛牙，设以水灯，皆系宰执、戚里、贵近占设看位。最要闹九子母殿及东西塔院，惠林、智海、宝梵，竞陈灯烛，光彩争华，直至达旦。其余宫观寺院，皆放万姓烧香。如开宝、景德、大佛寺等处，皆有乐棚，作乐燃灯。惟禁宫观寺院，不设灯烛矣。次则葆真宫，有玉柱玉帘窗隔灯，诸坊巷、马行，诸香药铺席、茶坊酒肆，灯烛各出新奇。就中莲华王家香铺灯火出群，而又命僧道场打花钹、弄椎鼓，游人无不驻足。诸门皆有官中乐棚。万街千巷，尽皆繁盛浩闹。每一坊巷口，无乐棚去处，多设小影戏棚子，以防本坊游人小儿相失，以引聚之。殿前班在禁中右掖门里，则相对右掖门设一乐棚，放本班家口登皇城观看。宫中有宣赐茶酒、妆粉钱之类。诸营班院，于法不得夜游，各以竹竿出灯毬于半空，远近高低，若飞星然。

阡陌纵横，城堙不禁。别有深坊小巷，绣额珠帘，巧制新妆，竞夸华丽，春情荡扬，酒兴融怡，雅会幽欢，寸阴可惜，景色浩闹，不觉更阑。宝骑骎骎，香轮辘辘。五陵年少，满路行歌。万户千门，笙簧未彻。市人卖玉梅、夜蛾、蜂儿、雪柳、菩提叶、科头圆子、拍头焦䭔。唯焦䭔以竹架子出青伞上，装缀梅红缕金小灯笼子，架子前后亦设灯笼，敲鼓应拍，团团转走，谓之“打旋罗”，街巷处处有之。至十九日收灯，五夜城堙不禁，尝有旨展日。

宣和年间，自十二月于酸枣门（二名景龙）门上，如宣德门元夜点照，门下亦置露台，南至宝箓宫，两边关扑买卖。晨晖门外设看位一所，前以荆棘围绕，周回约五七十步，都下卖鹌鹑、骨饳儿、圆子、䭔拍、白肠、水晶鲙、科头细粉、旋炒栗子、银杏、盐豉汤、鸡段、金橘、橄榄、龙眼、荔枝诸般市合，团团密摆，准备御前索唤。以至尊有时在看位内，门司、御药、知省、太尉，悉在帘前，用三五人弟子祗应。籸盆照耀，有同白日。仕女观者，中贵邀住，劝酒一金杯令退。直至上元，谓之“预赏”。惟周待诏瓠羹，贡余者，一百二十文足一个，其精细果别如市店十文者。

收灯都人出城探春

收灯毕，都人争先出城探春。州南则玉津园，外学方池、亭榭。玉仙观转龙弯西去，一丈佛园子、王太尉园，奉圣寺前孟景初园，四里桥望牛冈，剑客庙。自转龙湾东去，陈州门外园馆尤多。州东宋门外，快活林、勃脐陂、独乐冈、砚台、蜘蛛楼、麦家园、虹桥、王家园，曹、宋门之间东御苑，乾明崇夏尼寺。州北李驸马园。州西新郑门大路，直过金明池西道者院，院前皆妓馆。以西宴宾楼，有亭榭、曲折池塘、秋千、画舫，酒客税小舟，帐设游赏。相对祥祺观，直至板桥，有集贤楼、莲花楼，乃之官河东、陕西五路之别馆，寻常饯送置酒于此。过板桥有下松园、王太宰园、杏花冈。金明池角南去，水虎翼巷、水磨下蔡太师园。南洗马桥西巷内，华严尼寺、王小姑酒店。北金水河两浙尼寺、巴娄寺、养种园，四时花木，繁盛可观。南去药梁园、童太师园。南去铁佛寺、鸿福寺、东西栢榆村。州北模天坡、角桥，至仓王庙、十八寿圣尼寺、孟四翁酒店。州西北元有庶人园，有创台、流杯亭榭数处，放人春赏。大抵都城左近，皆是园圃，百里之内，并无闲地。次第春容满野，暖律暄晴。万花争出粉墙，细柳斜笼绮陌。香轮暖辗，芳草如茵；骏骑骄嘶，杏花如绣；莺啼芳树，燕舞晴空。红妆按乐于宝榭层楼，白面行歌近画桥流水。举目则秋千巧笑，触处则蹴踘踈狂。寻芳选胜，花絮时坠金樽；折翠簪红，蜂蝶暗随归骑。于是相继清明节矣。

卷七

清明节

清明节，寻常京师以冬至后一百五日为大寒食。前一日，谓之“炊熟”，用面造枣錮飞燕，柳条串之，插于门楣，谓之“子推燕”。子女及笄者，多以是日上头。寒食第三日，即清明节矣，凡新坟皆用此日拜扫，都城人出郊。禁中前半月，发宫人、车马朝陵，宗室、南班、近亲，亦分遣诣诸陵坟享祀。从人皆紫衫，白绢、三角子、青行缠，皆系官给。节日，亦禁中出车马，诣奉先寺、道者院，祀诸宫人坟。莫非金装绀幰，锦额珠帘，绣扇双遮，纱笼前导。士庶阗塞诸门。纸马铺皆于当街，用纸衮叠成楼阁之状。四野如市，往往就芳树之下，或园囿之间，罗列杯盘，互相劝酬。都城之歌儿舞女，遍满园亭，抵暮而归。各携枣錮、炊饼、黄胖、棹刀、名花、异果、山亭、戏具、鸭卵、鸡雏，谓之“门外土仪”。轿子即以杨柳、杂花装簇顶上，四垂遮映。自此三日，皆出城上坟，但一百五日最盛。节日，坊市卖稠饧、麦糕、奶酪、乳饼之类。缓入都门，斜阳御柳；醉归院落，明月梨花。诸军禁卫，各成队伍，跨马作乐四出，谓之“摔脚”。其旗旄鲜明，军容雄壮，人马精锐，又别为一景也。

三月一日开金明池琼林苑

三月一日，州西顺天门外，开金明池、琼林苑，每日教习车驾上池仪范。虽禁从、士庶许纵赏，御史台有榜不得弹劾。池在顺天门外街北，周围约九里三十步，池面直径七里许。入池门内南岸西去百余步，有面北临水殿，车驾临幸观争标，锡宴于此。往日旋以彩幄，政和间用土木工造成矣。又西去数百步乃仙桥，南北约数百步，桥面三虹，朱漆阑楯，下排雁柱，中央隆起，谓之“骆驼虹”，若飞虹之状。桥尽处，五殿正在池之中心，四岸石甃向背，大殿中坐，各设御幄，朱漆明金龙床，河间云水戏龙屏风，不禁游人。殿上下回廊，皆关扑钱物、饮食、伎艺人作场，勾肆罗列左右。桥上两边，用瓦盆内掷头钱，关扑钱物、衣服、动使，游人还往，荷盖相望。桥之南立棂星门，门里对立彩楼。每争标作乐，列妓女于其上。门相对街南有砖石甃砌高台，上有楼观，广百丈许，曰宝津楼。前至池门，阔百余丈，下阚仙桥、水殿，车驾临幸观骑射百戏于此。池之东岸，临水近墙皆垂杨，两边皆彩棚幕次，临水假赁，观看争标。街东皆酒食店舍、博易场户、艺人勾肆。质库不以几日解下，只至闭池，便典没出卖。北去直至池后门，乃汴河西水门也。其池之西岸，亦无屋宇，但垂杨蘸水，烟草铺堤，游人稀少，多垂钓之士，必于池苑所买牌子，方许捕鱼。游人得鱼，倍其价买之。临水斫脍，以荐芳樽，乃一时佳味也。习水教罢，系小龙船于此。池岸正北对五殿起大屋，盛大龙船，谓之“奥屋”。车驾临幸，往往取二十日。诸禁卫班直簪花、披锦绣捻金线衫袍、金带勒帛之类，结束竞逞鲜新。出内府金枪，宝装弓剑，龙凤绣旗，红缨锦辔，万骑争驰，铎声震地。

驾幸临水殿观争标锡宴

驾先幸池之临水殿，锡燕群臣。殿前出水棚排立仪卫，近殿水中横列四彩舟，上有诸军百戏，如大旗、狮豹、棹刀、蛮牌、神鬼杂剧之类。又列两船皆乐部。又有一小船，上结小彩楼，下有三小门，如傀儡棚，正对水中乐船。上参军色进致语，乐作，彩棚中门开，出小木偶人。小船子上有一白衣人垂钓，后有小童举棹划船，辽绕数回，作语乐作，钓出活小鱼一枚。又作乐，小船入棚。继有木偶筑毬舞旋之类，亦各念致语唱和乐作而已，谓之“水傀儡”。又有两画船，上立秋千，船尾百戏人上竿，左右军院虞候、监教，鼓笛相和。又一人上蹴秋千，将平架，筋斗掷身入水，谓之“水秋千”。水戏呈毕，百戏乐船并各鸣锣鼓，动乐舞旗，与水傀儡船分两壁退去。有小龙船二十只，上有绯衣军士各五十余人，各设旗鼓铜锣。船头有一军校，舞旗招引，乃虎翼指挥兵级也。又有虎头船十只，上有一锦衣人，执小旗立船头上，余皆着青短衣、长顶头巾，齐舞棹，乃百姓卸在行人也。又有飞鱼船二只，彩画间金，最为精巧，上有杂彩戏衫五十余人，间列杂色小旗绯伞，左右招舞，鸣小锣鼓铙铎之类。又有鳅鱼船二只，止容一人撑划，乃独木为之也。皆进花石朱缅所进。诸小船竞诣奥屋，牵拽大龙船出诣水殿，其小龙船争先团转翔舞，迎导于前。其虎头船以绳牵引龙舟。大龙船约长三四十丈，阔三四丈，头尾鳞鬣，皆雕镂金饰，楻版皆退光。两边列十閤子，充閤分歇泊，中设御座，龙水屏风。楻板到底深数尺，底上密排铁铸大银样如桌面大者压重，庶不欹侧也。上有层楼台观槛曲，安设御座。龙头上人舞旗，左右水棚排列六桨，宛若飞腾。至水殿舣之一边。水殿前至仙桥，预以红旗插于水中，标识地分远近。所谓小龙船，列于水殿前，东西相向，虎头、飞鱼等船，布在其后，如两阵之势。须臾，水殿前水棚上一军校，以红旗招之，龙船各鸣锣鼓出阵，划棹旋转，共为圆阵，谓之“旋罗”。水殿前又以旗招之，其船分而为二，各圆阵，谓之“海眼”。又以旗招之，两队船相交互，谓之“交头”。又以旗招之，则诸船皆列五殿之东面，对水殿排成行列。则有小舟一军校，执一竿，上挂以锦彩银碗之类，谓之“标竿”，插在近殿水中。又见旗招之，则两行舟鸣鼓并进，捷者得标，则山呼拜舞。并虎头船之类，各三次“争标”而止。其小船复引大龙船入奥屋内矣。

驾幸琼林苑

驾方幸琼林苑，在顺天门大街面北，与金明池相对。大门牙道皆古松怪柏。两傍有石榴园、樱桃园之类，各有亭榭，多是酒家所占。苑之东南隅，政和间创筑华觜冈，高数十丈。上有横观层楼，金碧相射；下有锦石缠道，宝砌池塘。柳锁虹桥，花萦凤舸。其花皆素馨、末莉、山丹、瑞香、含笑、射香等闽、广、二浙所进南花。有月池、梅亭、牡丹之类，诸亭不可悉数。

驾幸宝津楼宴殿

宝津楼之南有宴殿，驾临幸，嫔御车马在此。寻常亦禁人出入，有官监之。殿之西有射殿，殿之南有横街，牙道柳径，乃都人击毬之所。西去苑西门、水虎翼巷。横道之南，有古桐牙道，两傍亦有小园圃台榭。南过画桥，水心有大撮焦亭子，方池柳步围绕，谓之“虾蟆亭”，亦是酒家占。寻常驾未幸，习旱教于苑大门。御马立于门上。门之两壁，皆高设彩棚，许士庶观赏，呈引百戏。御马上池，则张黄盖，击鞭如仪。每遇大龙船出，及御马上池，则游人增倍矣。

驾登宝津楼诸军呈百戏

驾登宝津楼，诸军百戏呈于楼下。先列鼓子十数辈，一人摇双鼓子，近前进致语，多唱《青春三月》蓦山溪也。唱讫，鼓笛举，一红巾者弄大旗，次狮豹入场，坐作进退、奋迅举止毕。次一红巾者手执两白旗子，跳跃旋风而舞，谓之“扑旗子”。及上竿打筋斗之类讫，乐部举动《琴家弄令》，有花妆轻健军士百余，前列旗帜，各执雉尾、蛮牌、木刀，初成行列拜舞，互变开门夺桥等阵，然后列成“偃月阵”，乐部复动《蛮牌令》，数内两人，出阵对舞，如击刺之状，一人作奋击之势，一人作僵仆出场，凡五七对，或以枪对牌、剑对牌之类。忽作一声如霹雳，谓之“爆仗”，则蛮牌者引退。

烟火大起，有假面披发，口吐狼牙烟火，如鬼神状者上场。着青帖金花短后之衣，帖金皂袴，跣足，携大铜锣，随身步舞而进退，谓之“抱锣”。绕场数遭，或就地放烟火之类。又一声爆仗，乐部动《拜新月慢曲》，有面涂青碌，戴面具金睛，饰以豹皮锦绣看带之类，谓之“硬鬼”。或执刀斧，或执杵棒之类，作脚步蘸立，为驱捉视听之状。又爆仗一声，有假面长髯、展裹绿袍、靴简如钟馗像者，傍一人以小锣相招和舞步，谓之“舞判”。继有二三瘦瘠，以粉涂身，金睛白面，如髑髅状，系锦绣围肚看带，手执软杖，各作魁谐，趋跄举止若排戏，谓之“哑杂剧”。又爆仗响，有烟火就涌出，人面不相睹，烟中有七人，皆披发文身，着青纱短后之衣，锦绣围肚看带，内一人金花小帽，执白旗，余皆头巾，执真刀，互相格斗击刺，作破面剖心之势，谓之“七圣刀”。忽有爆仗响，又复烟火出，散处以青幕围绕，列数十辈，皆假面异服，如祠庙中神鬼塑像，谓之“歇帐”。又爆仗响，卷退。次有一击小铜锣，引百余人，或巾裹，或双髻，各着杂色半臂，围肚看带，以黄白粉涂其面，谓之“抹跄”。各执木棹刀一口，成行列，击锣者指呼各拜舞起居毕，喝喊变阵子数次，成“一字阵”，两两出阵格斗，作夺刀击刺之态百端讫。一人弃刀在地，就地掷身，背着地有声，谓之“扳落”。如是数十对讫，复有一装田舍儿者入场，念诵言语讫。有一装村妇者入场，与村夫相值，各持棒杖，互相击触，如相殴态。其村夫者以杖背村妇出场毕。

后部乐作，诸军缴队杂剧一段，继而露台弟子杂剧一段。是时弟子萧住儿、丁都赛、薛子大、薛子小、杨总惜、崔上寿之辈，后来者不足数。合曲舞旋讫，诸班直常入祗候子弟所呈马骑。先一人空手出马，谓之“引马”。次一人磨旗出马，谓之“开道旗”。次有马上抱红绣之毬，系以红绵索掷下于地上，数骑追逐射之，左曰“仰手射”，右曰“合手射”，谓之“拖绣球”。又以柳枝插于地，数骑以刬子箭，或弓或弩射之，谓之“襕柳枝”。又有以十余小旗，遍装轮上而背之出马，谓之“旋风旗”。又有执旗挺立鞍上，谓之“立马”。或以身下马，以手攀鞍而复上，谓之“騗马”。或用手握定镫袴，以身从后鞦来往，谓之“跳马”。忽以身离鞍，屈右脚挂马鬃，左脚在镫，左手把鬃，谓之“献鞍”，又曰“弃鬃”。背坐或以两手握镫袴，以肩着鞍桥，双脚直上，谓之“倒立”。忽掷脚着地，倒拖顺马而走，复跳上马，谓之“拖马”。或留左脚着镫，右脚出镫离鞍，横身在鞍一边，右手捉鞍，左手把鬃存身，直一脚顺马而走，谓之“飞仙膊马”。又存身拳曲在鞍一边，谓之“镫里藏身”。或右臂挟鞍，足着地顺马而走，谓之“赶马”。或出一镫，坠身着鞦，以手向下绰地，谓之“绰尘”。或放令马先走，以身追及握马尾而上，谓之“豹子马”。或横身鞍上，或轮弄利刃，或重物、大刀、双刀百端讫。

有黄衣老兵，谓之“黄院子”。数辈执小绣龙旗前导宫监马骑百余，谓之“妙法院女童”。皆妙龄翘楚，结束如男子，短顶头巾，各着杂色锦绣，捻金丝番段窄袍，红绿吊敦束带，莫非玉羁金勒，宝镫花鞯，艳色耀日，香风袭人。驰骤至楼前，团转数遭，轻帘鼓声，马上亦有呈骁艺者。中贵人许畋押队招呼成列，鼓声一齐掷身下马，一手执弓箭，揽缰子就地，如男子仪。拜舞山呼讫，复听鼓声，翩马而上。大抵禁庭如男子装者，便随男子礼起居。复驰骤团旋，分合阵子讫，分两阵，两两出阵，左右使马，直背射弓，使番枪或草棒交马野战，呈骁骑讫，引退。又作乐。

先设彩结小球门于殿前，有花装男子百余人，皆裹角子向后拳曲花幞头，半着红半着青锦袄子，义襕束带丝鞋，各跨雕鞍花䩮驴子，分为两队，各有朋头一名，各执彩画毬杖，谓之“小打”。一朋头用杖击弄球子，如缀球子方坠地，两朋争占，供与朋头。左朋击球子过门入孟为胜，右朋向前争占，不令入孟，互相追逐，得筹谢恩而退。续有黄院子引出宫监百余，亦如小打者，但加之珠翠装饰，玉带红靴，各跨小马，谓之“大打”。人人乘骑精熟，驰骤如神，雅态轻盈，妍姿绰约，人间但见其图画矣。呈讫。

驾幸射殿射弓

驾诣射殿射弓，垛子前列招箭班二十余人，皆长脚幞头，紫绣抹额，紫宽衫，黄义襕，雁翅排立。御箭去则齐声招舞，合而复开，箭中的矣。又一人口衔一银碗，两肩两手共五只，箭来皆能承之。射毕，驾归宴殿。

池苑内纵人关扑游戏

池苑内，除酒家、艺人占外，多以彩幕缴络，铺设珍玉、奇玩、匹帛、动使、茶酒器物关扑。有以一笏扑三十笏者，以至车马、地宅、歌姬、舞女，皆约以价而扑之。出九和合，有名者任大头、快活三之类，余亦不数。池苑所进奉鱼、藕、果实，宣赐有差。后苑作进小龙船，雕牙缕翠，极尽精巧。随驾艺人，池上作场者，宣、政间，张艺多、浑身眼、宋寿香、尹士安小乐器、李外宁水傀儡，其余莫知其数。池上饮食：水饭、凉水绿豆、螺蛳肉、饶梅花酒、查片、杏片、梅子、香药、脆梅、旋切鱼脍、青鱼、盐鸭卵、杂和辣菜之类。池上水教罢，贵家以双缆黑漆平船，紫帷帐，设列家乐游池。宣、政间，亦有假赁大小船子，许士庶游赏，其价有差。

驾回仪卫

驾回，则御裹小帽，簪花乘马，前后从驾臣寮、百司仪卫，悉赐花。大观初，乘骢马至太和宫前，忽宣小乌，其马至御前，拒而不进，左右曰："此愿封官。"敕赐龙骧将军，然后就辔。盖小乌平日御爱之马也。莫非锦绣盈都，花光满目，御香拂路，广乐喧空，宝骑交驰，彩棚夹路，绮罗珠翠，户户神仙，画阁红楼，家家洞府，游人士庶，车马万数。妓女旧日多乘驴，宣、政间惟乘马，披凉衫，将盖头背系冠子上。少年狎客，往往随后，亦跨马，轻衫小帽。有三五文身恶少年控马，谓之"花褪马"，用短缰促马头，刺地而行，谓之

“鞅缰”。呵喝驰骤，竞逞骏逸。游人往往以竹竿挑挂终日关扑所得之物而归。仍有贵家士女，小轿插花，不垂帘幙。自三月一日，至四月八日闭池，虽风雨亦有游人，略无虚日矣。

是月季春，万花烂熳，牡丹、芍药、棣棠、木香，种种上市。卖花者以马头竹篮铺排，歌叫之声，清奇可听。晴帘静院，晓幙高楼，宿酒未醒，好梦初觉，闻之莫不新愁易感，幽恨悬生，最一时之佳况。诸军出郊，合教阵队。

卷八

四月八日

四月八日，佛生日。十大禅院，各有浴佛斋会，煎香药糖水相遗，名曰“浴佛水”。迤逦时光昼永，气序清和。榴花院落，时闻求友之莺；细柳亭轩，乍见引雏之燕。在京七十二户诸正店，初卖煮酒，市井一新。唯州南清风楼，最宜夏饮。初尝青杏，乍荐樱桃，时得佳宾，觥酬交作。是月，茄瓠初出上市，东华门争先供进，一对可直三五十千者。时果则御桃、李子、金杏、林檎之类。

端午

端午节物：百索、艾花、银样鼓儿、花花巧画扇、香糖果子、粽子、白团、紫苏、菖蒲、木瓜，并皆茸切，以香药相和，用梅红匣子盛裹。自五月一日及端午前一日，卖桃、柳、葵花、蒲叶、佛道艾。次日，家家铺陈于门首，与粽子、五色水团、茶酒供养。又钉艾人于门上，士庶递相宴赏。

六月六日崔府君生日，二十四日神保观神生日

六月六日，州北崔府君生日。多有献送，无盛如此。二十四日，

州西灌口二郎生日，最为繁盛。庙在万胜门外一里许，敕赐神保观。二十三日，御前献送后苑作与书艺局等处制造戏玩，如球杖、弹弓、弋射之具，鞍辔、衔勒、樊笼之类，悉皆精巧。作乐迎引至庙，于殿前露台上设乐棚，教坊、钧容直作乐，更互杂剧舞旋。太官局供食，连夜二十四盏，各有节次。至二十四日，夜五更争烧头炉香，有在庙止宿，夜半起以争先者。天晓，诸司及诸行百姓献送甚多。其社火呈于露台之上，所献之物，动以万数。自早呈拽百戏，如上竿、趯弄、跳索、相扑、鼓板、小唱、斗鸡、说诨话、杂扮、商谜、合笙、乔筋骨、乔相扑、浪子杂剧、叫果子、学像生、棹刀、装鬼、研鼓、牌棒、道术之类，色色有之，至暮呈拽不尽。殿前两幡竿，高数十丈，左则京城所，右则修内司，搭材分占。上竿呈艺解，或竿尖立横木，列于其上，装神鬼，吐烟火，甚危险骇人。至夕而罢。

是月巷陌杂卖

是月时物，巷陌路口，桥门市井，皆卖大小米水饭、炙肉、干脯、莴苣笋、芥辣瓜儿、义塘甜瓜、卫州白桃、南京金桃、水鹅梨、金杏、小瑶李子、红菱、沙角儿、药木瓜、水木瓜、冰雪凉水、荔枝膏，皆用青布伞，当街列床凳堆垛。冰雪惟旧宋门外两家最盛，悉用银器。沙糖绿豆、水晶皂儿、黄冷团子、鸡头穰冰雪、细料馉饳儿、麻饮鸡皮、细索凉粉、素签、成串熟林檎、脂麻团子、江豆碢儿、羊肉小馒头、龟儿沙馅之类。都人最重三伏，盖六月中别无时节，往往风亭水榭，峻宇高楼，雪槛冰盘，浮瓜沉李，流杯曲沼，苞鲊新荷，远迩笙歌，通夕而罢。

七夕

七月七夕。潘楼街东宋门外瓦子、州西梁门外瓦子、北门外、南朱雀门外街及马行街内，皆卖磨喝乐，乃小塑土偶耳。悉以雕木彩装栏座，或用红纱碧笼，或饰以金珠牙翠，有一对直数千者。禁中及贵家与士庶为时物追陪。又以黄蜡铸为凫雁、鸳鸯、鸂鶒、龟、鱼之类，彩画金缕，谓之“水上浮”。又以小板上傅土，旋种粟令生苗，置小茅屋花木，作田舍家小人物，皆村落之态，谓之“谷板”。又以瓜雕刻成花样，谓之“花瓜”。又以油面糖蜜造为笑靥儿，谓之“果食”，花样奇巧百端，如捺香方胜之类。若买一斤，数内有一对被介胄者如门神之像，盖自来风流，不知其从，谓之“果食将军”。又以绿豆、小豆、小麦于磁器内，以水浸之，生芽数寸，以红蓝彩缕束之，谓之“种生”。皆于街心彩幙帐设，出络货卖。

七夕前三五日，车马盈市，罗绮满街。旋折未开荷花，都人善假做双头莲，取玩一时，提携而归，路人往往嗟爱。又小儿须买新荷叶执之，盖效颦磨喝乐。儿童辈特地新妆，竞夸鲜丽。至初六日、七日晚，贵家多结彩楼于庭，谓之“乞巧楼”。铺陈磨喝乐、花瓜、酒炙、笔砚、针线，或儿童裁诗，女郎呈巧，焚香列拜，谓之“乞巧”。妇女望月穿针，或以小蜘蛛安合子内，次日看之，若网圆正，谓之“得巧”。里巷与妓馆，往往列之门首，争以侈靡相尚（磨喝乐本佛经摩睺罗，今通俗而书之）。

中元节

七月十五日，中元节。先数日市井卖冥器：靴鞋、幞头、帽子、金犀假带、五彩衣服，以纸糊架子盘游出卖。潘楼并州东西瓦子，亦如七夕。要闹处亦卖果食、种生、花果之类，及印卖《尊胜》《目连经》。又以竹竿斫成三脚，高三五尺，上织灯窝之状，谓之“盂兰盆”。挂搭衣服、冥钱，在上焚之。构肆乐人自过七夕，便般《目连救母》杂剧，直至十五日止，观者增倍。中元前一日，即卖练叶，享祀时铺衬桌面。又卖麻谷窠儿，亦是系在桌子脚上，乃告祖先秋成之意。又卖鸡冠花，谓之“洗手花”。十五日供养祖先素食，才明即卖穄米饭，巡门叫卖，亦告成意也。又卖转明菜花、花油饼、馂豏、沙豏之类。城外有新坟者，即往拜扫。禁中亦出车马诣道者院谒坟。本院官给祠部十道，设大会，焚钱山，祭军阵亡殁，设孤魂之道场。

立秋

立秋日，满街卖楸叶，妇女儿童辈皆剪成花样戴之。是月，瓜果梨枣方盛，京师枣有数品：灵枣、牙枣、青州枣、亳州枣。鸡头上市，则梁门里李和家最盛。中贵戚里，取索供卖，内中泛索，金合络绎。士庶买之，一裹十文，用小新荷叶包，糁以麝香，红小索儿系之。卖者虽多，不及李和一色拣银皮子嫩者货之。

秋社

八月秋社，各以社糕、社酒相赍送。贵戚宫院以猪羊肉、腰子、奶房、肚肺、鸭饼、瓜姜之属，切作棋子片样，滋味调和，铺于饭上，谓之“社饭”，请客供养。人家妇女皆归外家，晚归，即外公、姨、舅，皆以新葫芦儿、枣儿为遗，俗云“宜良外甥”。市学先生预敛诸生钱作社会，以致雇倩祗应、白席、歌唱之人。归时各携花篮、果实、食物、社糕而散。春社、重午、重九，亦是如此。

中秋

中秋节前，诸店皆卖新酒，重新结络门面彩楼，花头画竿，醉仙锦旆。市人争饮，至午未间，家家无酒，拽下望子。是时，螯蟹新出，石榴、榅桲、梨、枣、栗、孛萄、弄色枨橘，皆新上市。中秋夜，贵家结饰台榭，民间争占酒楼玩月，丝篁鼎沸。近内庭居民，夜深遥闻笙竽之声，宛若云外。闾里儿童，连宵嬉戏，夜市骈阗，至于通晓。

重阳

九月重阳，都下赏菊，有数种：其黄白色蕊若莲房曰“万龄菊”，粉红色曰“桃花菊”，白而檀心曰“木香菊”，黄色而圆者曰“金铃菊”，纯白而大者曰“喜容菊”，无处无之。酒家皆以菊花缚成洞户。都人多出郊外登高，如仓王庙、四里桥、愁台、梁王城、砚台、毛驼冈、独乐冈等处宴聚。前一二日，各以粉面蒸糕遗送，上插剪彩小旗，掺饤果实，如石榴子、栗子黄、银杏、松子肉之类。又以粉作狮子蛮王之状，置于糕上，谓之“狮蛮”。诸禅寺各有斋会，惟开宝寺、仁王寺有狮子会。诸僧皆坐狮子上，作法事讲说，游人最盛。下旬即卖冥衣、靴鞋、席帽、衣段，以十月朔日烧献故也。

卷九

十月一日

十月一日，宰臣已下受衣着锦袄。三日（今五日），士庶皆出城飨坟。禁中车马出道者院及西京朝陵。宗室车马亦如寒食节。有司进暖炉炭。民间皆置酒作“暖炉会”也。

天宁节

初十日，天宁节。前一月，教坊集诸妓阅乐。初八日，枢密院率修武郎以上；初十日，尚书省宰执率宣教郎以上，并诣相国寺罢散祝圣斋筵。次赴尚书省都厅赐宴。

宰执亲王宗室百官入内上寿

十二日，宰执、亲王、宗室、百官，入内上寿大起居（搢笏舞蹈）。乐未作，集英殿山楼上教坊乐人，效百禽鸣，内外肃然，止闻半空和鸣，若鸾凤翔集。百官以下谢坐讫，宰执、禁从、亲王、宗室、观察使已上，并大辽、高丽、夏国使副，坐于殿上；诸卿少百官，诸国中节使人坐两廊；军校以下排在山楼之后。皆以红面青墩、黑漆矮偏钉。每分列环饼、油饼、枣塔为看盘，次列果子。惟大辽加之猪、羊、鸡、鹅、兔、连骨熟肉为看盘，皆以小绳束之。又生葱、韭、蒜、醋，各一楪，三五人共列浆水一桶，立杓数枚。教坊色长二人，在殿上栏干边，皆诨裹宽紫袍，金带义襕，看盏，斟御酒。看盏者举其袖，唱引曰："绥御酒"，声绝，拂双袖于栏干而止。宰臣酒，则曰"绥酒"，如前。教坊乐部，列于山楼下彩棚中，皆裹长脚幞头，随逐部服紫、绯、绿三色宽衫，黄义襕，镀金凹面腰带。前列拍板十串一行，次一色画面琵琶五十面，次列箜篌两座，箜篌高三尺许，形如半边木梳，黑漆镂花金装画。下有台座，张二十五弦，一人跪而交手擘之。以次高架大鼓二面，彩画花地金龙，击鼓人背结宽袖，别套黄窄袖，垂结带，金裹鼓棒，两手高举互击，宛若流星。后有羯鼓两座，如寻常番鼓子，置之小桌子上，两手皆执杖击之，杖鼓应焉。次列铁石方响，明金彩画架子，双垂流苏。次列箫、笙、埙、篪、觱篥、龙笛之类。两旁对列杖鼓二百面，皆长脚幞头，紫绣抹额，背系紫宽衫，黄窄袖，结带，黄义襕。诸杂剧色皆诨裹，各服本色紫、绯、绿宽衫，义襕，镀金带。自殿陛对立，直至乐棚。每遇舞者入场，则排立者叉手，举左右肩，动足应拍，一齐群舞，谓之"挼曲子"（挼字，仍回反）。

第一盏御酒，歌板色一名，唱中腔一遍讫，先笙与箫、笛各一管和，又一遍，众乐齐举，独闻歌者之声。宰臣酒，乐部起《倾杯》。百官酒《三台》。舞旋多是雷中庆。其余乐人舞者诨裹宽衫，唯中庆有官，故展裹。舞曲破、攧前一遍，舞者入场，至歇拍，续一人入场，对舞数拍。前舞者退，独后舞者终其曲，谓之"舞末"。

第二盏御酒，歌板色唱如前。宰臣酒，慢曲子。百官酒，《三台》舞如前。

第三盏，左右军百戏入场，一时呈拽。所谓左右军，乃京师坊市两厢也，非诸军之军。百戏乃上竿、跳索、倒立、折腰、弄碗注、踢瓶、筋斗、擎戴之类，即不用狮豹、大旗、神鬼也。艺人或男或女，皆红巾彩服。殿前自有石镌柱窠，百戏入场，旋立其戏竿。凡御宴至第三盏，方有下酒：肉、咸豉、爆肉、双下驼峰角子。

第四盏，如上仪，舞毕，发谭子，参军色执竹竿拂子，念致语口号，诸杂剧色打和，再作语，勾合大曲舞。下酒榼、炙子骨头、索粉、白肉、胡饼。

第五盏御酒，独弹琵琶。宰臣酒，独打方响。凡独奏乐，并乐人谢恩讫，上殿奏之。百官酒，乐部起《三台》舞如前毕。参军色执竹竿子作语，勾小儿队舞。小儿各选年十二三者二百余人，列四行，每行队头一名，四人簇拥，并小隐士帽，着绯、绿、紫、青生色花衫，上领四契，义襕，束带，各执花枝排定。先有四人裹卷脚幞头紫衫者，擎一彩殿子内金贴字牌，擂鼓而进，谓之“队名”。牌上有一联，谓如“《九韶》翔彩凤，《八佾》舞青鸾”之句。乐部举乐，小儿舞步进前，直叩殿陛。参军色作语问，小儿班首近前进口号，杂剧人皆打和毕，乐作群舞合唱，且舞且唱，又唱破子毕。小儿班首入，进致语，勾杂剧入场，一场两段。是时教坊杂剧色：鳖膨、刘乔、侯伯朝、孟景初、王颜喜而下，皆使、副也。内殿杂戏，为有使人预宴，不敢深作谐谑，惟用群队装其似像，市语谓之“拽串”。杂戏毕，参军色作语，放小儿队。又群舞《应天长》曲子出场。下酒：群仙炙、天花饼、太平毕罗、干饭、缕肉羹、莲花肉饼。驾兴歇座，百官退出殿门、幕次。须臾追班，起居再坐。

第六盏御酒，笙起慢曲子。宰臣酒，慢曲子。百官酒，《三台》

舞。左右军筑毬，殿前旋立毬门，约高三丈许，杂彩结络，留门一尺许。左军球头苏述，长脚幞头，红锦袄，余皆卷脚幞头，亦红锦袄十余人。右军球头孟宣，并十余人，皆青锦衣。乐部哨笛杖鼓断送。左军先以毬团转众，小筑数遭，有一对次球头小筑数下，待其端正，即供球与球头，打大肷过球门。右军承得球，复团转众，小筑数遭，次球头亦依前供球与球头，以大肷打过。或有即便复过者胜。胜者赐以银碗锦彩，拜舞谢恩，以赐锦共披而拜也。不胜者球头吃鞭，仍加抹抢。下酒：假鼋鱼、蜜浮酥捺花。

第七盏御酒，慢曲子。宰臣酒，皆慢曲子。百官酒，《三台》舞讫。参军色作语，勾女童队入场。女童皆选两军妙龄容艳过人者四百余人，或戴花冠，或仙人髻，鸦霞之服，或卷曲花脚幞头，四契红黄生色销金锦绣之衣，结束不常，莫不一时新妆，曲尽其妙。杖子头四人，皆裹曲脚向后指天幞头，簪花，红黄宽袖衫，义襕，执银裹头杖子，皆都城角者。当时乃陈奴哥、俎姐哥、李伴奴、双奴，余不足数。亦每名四人簇拥，多作仙童，丫髻仙裳，执花舞步，进前成列。或舞《采莲》，则殿前皆列莲花，槛曲亦进队名。参军色作语问队，杖子头者进口号，且舞且唱。乐部断送《采莲》讫，曲终，复群舞，唱中腔毕。女童进致语，勾杂戏入场，亦一场两段讫，参军色作语。放女童队，又群唱曲子，舞步出场。比之小儿，节次增多矣。下酒：排炊羊、胡饼、炙金肠。

第八盏御酒，歌板色一名，唱踏歌。宰臣酒，慢曲子。百官酒，《三台》舞合曲破舞旋。下酒：假沙鱼、独下馒头、肚羹。

第九盏御酒，慢曲子。宰臣酒，慢曲子。百官酒，《三台》舞曲如前。左右军相扑。下酒：水饭、簇饤下饭。驾兴。

御筵酒盏，皆屈卮如菜碗样，而有手把子。殿上纯金，廊下纯银。食器：金银铍漆碗碟也。宴退，臣僚皆簪花归私第，呵引从人皆簪花，并破官钱。诸女童队出右掖门，少年豪俊争以宝贝供送，饮食酒果迎接。各乘骏骑而归，或花冠，或作男子结束，自御街驰骤，竞逞华丽，观者如堵。省宴亦如此。

立冬

是月立冬，前五日，西御园进冬菜。京师地寒，冬月无蔬菜，上至宫禁，下及民间，一时收藏，以充一冬食用。于是车载马驮，充塞道路。时物：姜豉、䴊子、红丝、末脏、鹅梨、榅桲、蛤蜊、螃蟹。

卷十

冬至

十一月冬至。京师最重此节。虽至贫者，一年之间，积累假借，至此日更易新衣，备办饮食，享祀先祖。官放关扑，庆贺往来，一如年节。

大礼预教车象

遇大礼年，预于两月前教车象。自宣德门至南熏门外，往来一遭。车五乘以代五辂轻重。每车上置旗二口，鼓一面，驾以四马。挟车卫士，皆紫衫帽子。车前数人击鞭。象七头，前列朱旗数十面，铜锣鼙鼓十数面。先击锣二下，鼓急应三下。执旗人紫衫帽子。每一象则一人，裹交脚幞头、紫衫，入跨其颈，手执短柄铜镢，尖其刃，象有不驯，击之。象至宣德楼前，团转行步数遭成列，使之面北而拜，亦能唱喏。诸戚里、宗室、贵族之家，勾呼就私第观看，赠之银彩无虚日。御街游人嬉集，观者如织。卖扑土木粉捏小象儿并纸画，看人携归，以为献遗。

车驾宿大庆殿

冬至前三日，驾宿大庆殿。殿庭广阔，可容数万人。尽列法驾、仪仗于庭，不能周遍。有两楼对峙，谓之“钟鼓楼”。上有太史局生测验刻漏，每时刻作鸡唱。鸣鼓一下，则一服绿者执牙牌而奏之。每刻曰“某时几棒鼓”，一时则曰“某时正”。宰执百官，皆服法服，其头冠各有品从。宰执、亲王加貂蝉笼巾，九梁，从官七梁，余六梁至二梁有差。台谏增廌角也。所谓“梁”者，谓冠前额梁上排金铜叶也。皆绛袍皂缘，方心曲领，中单环佩，云头履鞋。随官品执笏。余执事人，皆介帻绯袍，亦有等差。惟閤门御史台，加方心曲领尔。入殿祗应人给黄方号，余黄长号、绯方长号，各有所至去处。仪仗车辂，谓信幡、龙旗、相风乌、指南车、木辂、象辂、革辂、金辂、玉辂之类。自有《三礼图》可见，更不缕缕。排列殿门内外，及御街远近，禁卫全装，铁骑数万，围绕大内。是夜，内殿仪卫之外，又有裹锦缘小帽、锦络缝宽衫兵士，各执银裹头黑漆杖子，谓之“喝探兵士”。十余人作一队，聚首而立，凡数十队。各一名喝曰：“是与不是？”众曰：“是。”又曰：“是甚人？”众曰：“殿前都指挥使高俅。”更互喝叫不停，或如鸡叫。又置警场于宣德门外，谓之“武严兵士”。画鼓二百面，角称之。其角皆以彩帛如小旗脚装结其上。兵士皆小帽，黄绣抹额，黄绣宽衫，青窄衬衫。日晡时，三更时，各奏严也。每奏先鸣角，角罢，一军校执一长软藤条，上系朱拂子，擂鼓者观拂子，随其高低，以鼓声应其高下也。

驾行仪卫

次日五更，摄大宗伯执牌奏“中严外办”，铁骑前导番衮。自三更时，相续而行。象七头，各以文锦被其身，金莲花座安其背，金辔笼络其脑，锦衣人跨其颈。次第高旗大扇，画戟长矛，五色介胄。跨马之士，或小帽锦绣抹额者，或黑漆圆顶幞头者，或以皮如兜鍪者，或漆皮如戽斗而笼巾者，或衣红黄罨画锦绣之服者，或衣纯青纯皂以至鞋袴皆青黑者，或裹交脚幞头者，或以锦为绳如蛇而绕系其身者，或数十人唱引持大旗而过者，或执大斧者，胯剑者，执锐牌者，持镫棒者，或持竿上悬豹尾者，或持短杵者，其矛戟皆缀五色结带铜铎，其旗扇皆画以龙，或虎，或云彩，或山河。又有旗高五丈，谓之“次黄龙”。驾诣太庙青城，并先到立斋宫前，叉竿舍索旗坐约百余人，或有交脚幞头，胯剑足靴，如四直使者，千百数，不可名状。余诸司祇应人，皆锦袄。诸班直、亲从亲事官，皆帽子、结带、红锦，或红罗上紫团答戏狮子，短后打甲背子，执御从物。御龙直皆真珠结络短顶头巾，紫上杂色小花绣衫，金束带，看带，丝鞋。天武官皆顶朱漆金装笠子，红上团花背子。三衙并带御器械官，皆小帽背子，或紫绣战袍，跨马前导。千乘万骑，出宣德门，由景灵宫太庙。

驾宿太庙奉神主出室

驾乘玉辂，冠服如图画间星官之服，头冠皆北珠装结，顶通天冠，又谓之“卷云冠”，服绛袍，执元圭。其玉辂顶皆缕金大莲叶攒簇，四柱栏槛镂玉盘花龙凤。驾以四马，后出旗常。辂上御座，惟近侍二人，一从官傍立，谓之“执绥”，以备顾问。挟辂卫士皆裹黑漆团顶无脚幞头，着黄生色宽衫、青窄衬衫、青袴，系以锦绳。辂后四人，擎行马，前有朝服二人，执笏面辂倒行。是夜，宿太庙，喝探警严如宿殿仪。至三更，车驾行事。执事皆宗室。宫架乐作，主上在殿上东南隅西面立，有一朱漆金字牌曰“皇帝位”。然后奉神主出室，亦奏“中严外办”，逐室行礼毕。甲马、仪仗、车辂，番衮出南薰门。

驾诣青城斋宫

驾御玉辂，诣青城斋宫。所谓“青城”，旧来止以青布幕为之，画砌甃之文，旋结城阙殿宇。宣、政间，悉用土木盖造矣。铁骑围斋宫外，诸军有紫巾绯衣素队约千余，罗布郊野。每队军乐一火。行宫巡检部领甲马，来往巡逻。至夜严警，喝探如前。

驾诣郊坛行礼

三更，驾诣郊坛行礼，有三重壝墙。驾出青城，南行曲尺西去约一里许，乃坛也。入外壝东门，至第二壝里，面南设一大幕次，谓之“大次”。更换祭服，平天冠二十四旒，青衮龙服，中单，朱舄，纯玉佩。二中贵扶侍，行至坛前，坛下又有一小幕殿，谓之“小次”，内有御座。坛高三层七十二级，坛面方圆三丈许。有四踏道，正南曰午阶，东曰卯阶，西曰酉阶，北曰子阶。坛上设二黄褥，位北面南曰“昊天上帝”，东南面曰“太祖皇帝”。惟两矮案，上设礼料。有登歌道士十余人，列钟磬二架，余歌色及琴瑟之类，三五执事人而已。坛前设宫架乐，前列编钟、玉磬。其架有如常乐方响，增其高大。编钟形稍褊，上下两层挂之，架两角缀以流苏。玉磬状如曲尺，系其曲尖处，亦架之，上下两层挂之。次列数架大鼓，或三或五，用木穿贯，立于架座上。又有大钟，曰景钟，曰节鼓。有琴而长者，如筝而大者，截竹如箫管，两头存节而横吹者，有土烧成如圆弹而开窍者，如笙而大者，如箫而增其管者。有歌者，其声清亮，非郑、卫之比。

宫架前立两竿，乐工皆裹介帻如笼巾，绯宽衫，勒帛。二舞者，顶紫色冠，上有一横板，皂服，朱裙履。乐作，初则文舞，皆手执一紫囊，盛一笛管结带。武舞，一手执短矟，一手执小牌，比文舞加数人，击铜铙响环，又击如铜灶突者，又两人共携一铜瓮就地击者。舞者如击刺，如乘云，如分手，皆舞容矣。乐作，先击柷，以木为之，如方壶画山水之状，每奏乐，击之内外共九下。乐止则击敔，如伏虎，脊上如锯齿，一曲终，以破竹刮之。礼直官奏请驾登坛，前导官皆躬身侧引至坛止，惟大礼使登之。先正北一位拜跪酒，殿中监东向一拜进爵盏，再拜，兴。复诣正东一位，才登坛而宫架声止，则坛上乐作。降坛则宫架乐复作，武舞上复归“小次”。亚献、终献上亦如前仪。当时燕、越王为亚终献也。第二次登坛，乐作如初，跪酒毕，中书舍人读册，左右两人举册而跪读。降坛复归“小次”。亚终献如前。再登坛进玉爵盏，皇帝饮福矣。亚终献毕，降坛，驾“小次”前立，则坛上礼料币帛玉册，由西阶而下。南壝门外，去坛百余步，有燎炉高丈许，诸物上台，一人点唱，入炉焚之。坛三层，四踏道之间有十二龛，祭十二宫神。内壝外祭百星。执事与陪祠官皆面北立班。宫架乐罢，鼓吹未作，外内数十万众肃然，惟闻轻风环佩之声。一赞者喝曰：“赞一拜。”皆拜，礼毕。

郊毕驾回

驾自“小次”，祭服还“大次”。惟近侍椽烛二百余条，列成围子。至“大次”，更服衮冕，登大安辇。辇如玉辂而大，无轮，四垂大带。辇官服色，亦如挟路者。才升辇，教坊在外壝东西排列。钧容直先奏乐，一甲士舞一曲破讫，教坊进口号，乐作。诸军队伍鼓吹皆动，声震天地。回青城，天色未晓，百官常服入贺。赐茶酒毕，而法驾、仪仗、铁骑、鼓吹入南薰门。御路数十里之间，起居幕次，贵家看棚，华彩鳞砌，略无空闲去处。

下赦

车驾登宣德楼，楼前立大旗数口。内一口大者，与宣德楼齐，谓之“盖天旗”。旗立御路中心不动，次一口稍小，随驾立，谓之“次黄龙”。青城、太庙，随逐立之，俗亦呼为“盖天旗”。亦设宫架，乐作，须臾击柝之声，旋立鸡竿，约高十数丈，竿尖有一大木盘，上有金鸡，口衔红幡子，书“皇帝万岁”字。盘底有彩索四条垂下，有四红巾者，争先缘索而上，捷得金鸡红幡，则山呼谢恩讫。楼上以红绵索通门下一彩楼，上有金凤衔赦而下，至彩楼上，而通事舍人得赦宣读。开封府、大理寺排列罪人在楼前，罪人皆绯缝黄布衫，狱吏皆簪花鲜洁。闻鼓声，疏枷放去，各山呼谢恩讫。楼下钧容直乐作，杂剧舞旋，御龙直装神鬼，斫真刀棹刀。楼上百官赐茶酒，诸班直呈拽马队，六军归营。至日晡时，礼毕。

驾还择日诣诸宫行谢

驾还内，择日诣景灵东西宫，行恭谢之礼三日。第三日毕，即游幸别宫观，或大臣私第。是月，卖糍糕、鹑兔方盛。

十二月

十二月，街市尽卖撒佛花、韭黄、生菜、兰芽、勃荷、胡桃、泽州饧。初八日，街巷中有僧尼三五人作队念佛，以银铜沙罗或好盆器，坐一金铜或木佛像，浸以香水，杨枝洒浴，排门教化。诸大寺作“浴佛会”，并送七宝、五味粥与门徒，谓之“腊八粥”。都人是日，各家亦以果子杂料煮粥而食也。腊日，寺院送面油与门徒，却入疏教化上元灯油钱。闾巷家家互相遗送。是月，景龙门预赏元夕于宝箓宫，一方灯火繁盛。二十四日交年，都人至夜请僧道看经，备酒果送神，烧合家替代钱纸，帖灶马于灶上，以酒糟涂抹灶门，谓之“醉司命”。夜于床底点灯，谓之“照虚耗”。此月虽无节序，而豪贵之家，遇雪即开筵，塑雪狮，装雪灯雪□，以会亲旧。近岁节，市井皆印卖门神、钟馗、桃板、桃符及财门钝驴、回头鹿马、天行帖子。卖干茄瓠、马牙菜、胶牙饧之类，以备除夜之用。自入此月，即有贫者三数人为一火，装妇人、神鬼，敲锣击鼓，巡门乞钱，俗呼为“打夜胡”，亦驱祟之道也。

除夕

至除日，禁中呈大傩仪，并用皇城亲事官、诸班直戴假面，绣画色衣，执金枪龙旗。教坊使孟景初身品魁伟，贯全副金镀铜甲，装将军。用镇殿将军二人，亦介胄装门神。教坊南河炭丑恶魁肥，装判官。又装钟馗小妹、土地、灶神之类，共千余人，自禁中驱祟，出南薰门外转龙弯，谓之“埋祟”而罢。是夜，禁中爆竹山呼，声闻于外。士庶之家，围炉团坐，达旦不寐，谓之“守岁”。

凡大礼与禁中节次，但尝见习按，又不知果为如何，不无脱略，或改而正之，则幸甚。